爸爸送给青春期儿子的私房书

决定儿子未来的书
面对成长,勇敢做自己

杨建秋

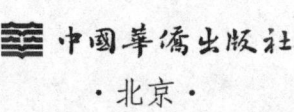
·北京·

图书在版编目（CIP）数据

爸爸送给青春期儿子的私房书 / 杨建秋著. —北京：中国华侨出版社，2017.7(2022.9重印)
ISBN 978-7-5113-6900-0

Ⅰ.①爸… Ⅱ.①杨… Ⅲ.①男性—青春期—健康教育—家庭教育 Ⅳ.①G479

中国版本图书馆CIP数据核字（2017）127362号

● **爸爸送给青春期儿子的私房书**

著　　者／杨建秋
责任编辑／高文喆
封面设计／于　芳
经　　销／新华书店
开　　本／880毫米×1230毫米　1/32　印张／8　字数／200千字
印　　刷／三河市刚利印务有限公司
版　　次／2017年7月第1版　2022年9月第2次印刷
书　　号／ISBN 978-7-5113-6900-0
定　　价／36.00元

中国华侨出版社　北京市朝阳区西坝河东里77号楼底商5号　邮编100028
发行部：（010）64443051　　传真：64439708
网　址：www.oveaschin.com　E-mail：oveaschin@sina.com

如发现印装质量问题，影响阅读，请与印刷厂联系调换。

前言

青春期，一个让我们惊喜也让我们惶惑的词汇。孩子成长到了这个阶段，身体迅速发育，由于生理和心理上的急剧变化，往往会遇到各种各样的烦恼和困惑，如果不能得到及时解决，势必会对孩子的身心健康造成极其不良的影响。

青春期是一个问题多发的时期，其根源在于，这一时期男孩子的特点是生理上的成熟，特别是性的成熟。在生理变化的同时，随之而来的是一系列的心理变化。然而，他们的心理成熟程度又远远追赶不上生理的成熟程度，这让他们承受着既往从未经历过的"少年维特之烦恼"，一旦处理不好，就会出现成长上的扭曲。

由于青少年心理活动状态的不稳定性、生理成熟与心理成熟的不同步性、认知结构的不完备性、对社会和家庭叛逆及依赖的冲突、成就感与挫折感的交替，使得他们的焦虑情绪较重。青少年自我意识脆弱，生活阅历较浅，抗挫折能力较低，因而更容易产生心理问题。暂时性的心理问题若得不到及时疏导，便会积压成疾，影响心理健康发展，甚至酿成日后难以挽救的后果。

孩子进入青春期后，就站在了人生的转折点上。有些话，家长不跟孩子说，没有人会说；有些事，家长不教孩子怎么做，没人会教孩子怎么做。这些都促使我们提醒家长，如果忽略了对青春期孩子的教育和关注，很可能会影响他们以后的成长。

本书扮演了"好爸爸"这个角色，以千千万万个爸爸的成长经验和教子经验为主题，透过一个父亲的身份，以青春期男孩的故事作为背景叙述开来，讲解了进入青春期以后男孩生理和心理将要面临的变化及可能遇到的问题，并详细说明了应该如何应对这些变化和处理这些问题。

这是爸爸送给青春期男孩最实用的礼物。它针对10~20岁青春期男孩的特征和集中遇到的问题，对身体发育、性格特征及心理变化等方面进行了深入浅出的科学解释，在卫生护理、情绪疏解、情感疏导、性格培养、安全教育、价值观树立、未来打造等方面进行了具体翔实的解读。一本书，足以教会男孩如何应对这一时期出现的所有问题。

这本书也为父母提供了一些行之有效的教子之道，具有很强的可操作性，能指导父母如何帮助青春期男孩解决成长的烦恼，引导男孩健康、快乐地度过人生中最为关键的时期。

CONTENTS  目 录

第一章 青春乍到：了解自己的身体变化并呵护好它

孩子，看着你的身体变化，爸爸知道，你真的长大了，已经进入了青春期。青春期是男孩子身体、心理巨变的时期，你可能会对自己身体形态和其他生理的变化产生疑惑甚至感到神秘，你也许迫切想了解这些变化的原因，但又羞于张口，于是便产生心理压力。傻孩子，为什么不问问爸爸呢？

这些变化，说明你长大了 / 002

胡子和其他毛发的生长属于第二性征 / 005

现在不高，不代表将来长不高 / 009

这样做，就能拥有好嗓子 / 012

喉结不明显，也是男子汉 / 015

男孩子也会有乳腺增生的 / 019

不要随意拔胡子、鼻毛和其他毛发 / 021

青春痘不会影响你的帅气 / 024

别挑食，那样会妨害你成长 / 027

第二章 羞涩困惑：在性面前你不必迷茫

那天早上，妈妈去叫你起床，发现你红着脸在披床单，等你走后妈妈洗床单时才发现，原来你"画地图"了。妈妈把这件事告诉了我，我不禁哑然失笑。臭小子，这有什么害羞的呢？爸爸要祝贺你，儿子，这说明你是个男子汉了。关于青春期的生理问题，爸爸现在要和你好好聊一聊了。

对不起，性教育我们做得不够 / 032

有生理反应不是丢人的事情 / 037

幻想无罪，但放纵是有罪的 / 040

遗精别害怕，说明你长大了 / 044

自慰这个事情，能控制就好 / 048

尺寸大小与功能没多大关系 / 052

第三章 男人私话：照顾好自己的私密地带

这个话题可能会令你感到有一点尴尬，但爸爸又不得不说，因为生殖器是很重要的器官，维护它的清洁，注意它的安全非常重要。许多人都认为女孩在这方面的清洗保护很重要，至于男孩，没必要那么在意。这种观点是不对的，男人也要注意。

男人的私处有三个最怕 / 056

小心点，别让它受了伤 / 060

包皮过长不是小事 / 062

阴囊是个容易生病的家伙 / 065

紧身牛仔裤少穿为妙 / 067

内裤选错了，私处会很受罪 / 069

精子很脆弱，不要虐待它 / 072

即使你是男孩，也要有防范意识 / 076

第四章 情窦初开：处理好和女孩的关系

爸爸知道，现在还懵懂的你其实已经开始对异性有了好感，爸爸也知道，其实你不想早恋。爸爸还知道，不想早恋的少男少女也有情感需求，也需要异性交往。所以爸爸不会干涉你的正常异性交往，因为我们不能诋毁感情本身，但爸爸希望你能够把握分寸。

对异性有好感是天性，不越界就好 / 080

你这个年纪，是不应该开始恋爱的 / 083

网恋，就像是一朵悬崖上的花儿 / 087

果实没熟，就不要急着去吃 / 090

在暗恋中抽身而不是越陷越深 / 095

目录 / Contents

第五章 拜拜阴霾：与青春期心理问题做个和解

儿子，现在的你与少年后期相接，与青年初期相连，是向成年期过渡的时期。爸爸知道，这个时候的你在身心发育和社会成熟方面有一些初步的交叉，难免造成心理发展的不平衡。爸爸还知道，这种过渡往往带着种种矛盾和冲突，总是分裂的，不调和的，所以，你多少会存在一些心理问题。那么，让爸爸做个协调者，帮你与它们和解，可好？

别怕压力，把它当成动力吧 / 100

脾气也长大了，你要学会控制它 / 104

你无法改变的，就学着适应 / 108

把心态翻转到好的一面 / 113

忘记挫折，相信自己 / 117

第六章 有情有爱：
珍惜并感恩你身边的人和事

　　孩子，我们生活在这个世界上，时刻都在接受着各种恩赐：父母的养育、师长的教诲、朋友的友善、大自然的慷慨赐予……对于这些恩惠，你不要把它当作理所当然，因为，没有人有义务平白无故对你好。爸爸希望你能明白，这世间所有的美好关系都源于彼此的协助与馈赠，所以，请珍惜你身边的人和事，并以感恩的心对待他们。

孩子你记住，品德永远比分数更重要 / 122

"谢谢"这两个字代表一种人生态度 / 127

看到你这么有同情心，爸爸很高兴 / 130

真不错，你居然开始知道关心父母了 / 135

小子，每个人都有值得你学习的地方 / 139

信赖别人，你才会得到别人的信赖 / 144

目录 / Contents

第七章　拒绝孤独：学会与人和谐相处的要点

如果想让一滴水不干涸，就得把它放到大海中去。如果一个人想要活得快乐，想要有所作为，就要把自己投到集体中去。孩子，人生最大的财富便是朋友，因为它能为你开启所需能力的每一道门，让你不断地成长、不断地为社会做贡献。爸爸希望你在将来的日子里能够与所有的朋友和谐相处。记着，像爱自己那样爱别人，这就是维护朋友关系的要谛。

　　让你受欢迎的不是拳头，是微笑 / 150

　　与人相处最重要的是将心比心 / 154

　　坦率会让你拥有更多的朋友 / 158

　　学着和挑剔你的人和解 / 162

第八章 顶天立地：男孩就要有个男孩样

儿子，当妈妈带着疲惫的微笑将你捧给世界，你已经是一座高山、一片大海了。性别交给你一副重担，指给你一条路，对你说：走吧，你是个男子汉！于是，你只能长成一副铮铮铁骨，把脚下坚实的土地踏得咚咚作响，去完成你的使命，你的光荣。儿子，因为你是男人，你只能堂堂正正，顶天立地，百折不挠。

正直，是爸爸希望你一辈子具备的品质 / 168

你是男孩子，不要在困难面前哭鼻子 / 171

苦难，对你来说不过是一场成人礼 / 174

男子汉就要承担起男子汉的使命 / 178

陷入困境时不要企图去依赖任何人 / 182

你需要不断去磨炼，才能真正成长 / 186

目录 / Contents

第九章 勇敢的心：你的未来需要勇敢来成全

  这个世上的事情，如果你有勇气去做，就已经成功了一半，剩下只需要持之以恒和一些智慧。儿子，你的未来，需要一颗勇敢的心来成全。未来，那漫长的人生道路，不可能一帆风顺，你一定会遭遇坎坷不平。怎么才能战胜这些困难，抵达自己理想的彼岸呢？最主要的是有一颗勇敢的心，做一个勇敢的人，勇敢地面对生活。

别让年龄逐渐消磨了你的勇气 / 192

勇敢点，哪怕局面很糟糕 / 196

不轻言放弃，是勇者的特质 / 200

始终相信自己是个与众不同的存在 / 204

冒险的时候，一定要保护好自己 / 208

对于那些阴暗的东西，你要有所防备 / 212

第十章 敏而好学：把学习变成一件快乐的事情

关于你的学习，最后爸爸还要再说一说。当然，我不想对你说教和逼迫，因为那样反而会让你走向我的反面。其实，人类具有学习的自然倾向，爸爸知道，骨子里你是愿意学习的。在这里，爸爸只是希望你能明白，你学习不是为了给我和你妈妈看，也不是为了给老师看，而是为了自己未来发展的需要。明白了这个道理，我想你就能够把学习当成一件快乐的事情。

玩是天性，但不要沉迷其中 / 218

做事要有计划，学习更是如此 / 221

这次没考好，下次努力就是了 / 226

如果你能提出新问题，我会奖励你 / 230

只要你自信，成绩一定会提升 / 233

遇到问题，最重要的是思考再思考 / 237

第一章

青春乍到：
了解自己的身体变化并呵护好它

　　孩子，看着你的身体变化，爸爸知道，你真的长大了，已经进入了青春期。青春期是男孩子身体、心理巨变的时期，你可能会对自己身体形态和其他生理的变化产生疑惑甚至感到神秘，你也许迫切想了解这些变化的原因，但又羞于张口，于是便产生心理压力。傻孩子，为什么不问问爸爸呢？

这些变化,说明你长大了

儿子,看着你日渐明显的身体变化,爸爸知道你已经进入了青春期,这意味着你真的长大了,只是也许你自己还没有意识到。

青春期是每个人都要经历的特殊阶段,男孩只有经历过青春期的蜕变,才能成为一个真正成熟的男性。在这个时期,每个男孩在体魄、体型、生理功能及心理行为等方面都会发生明显的变化,其中尤以生殖系统的发育最为突出。这个时期,也是决定男性一生发育水平的关键时期。

决定你一生身体状况的前两个关键期——婴儿期和儿童期,爸爸妈妈自认为做得还不错。接下来,作为你的爸爸,我有责任和义务引导你安然度过这段与青春有关的日子,即使你会认为我婆婆妈妈,因为这是我不可推卸的责任。

好了,煽情的话就不多说了。关于青春期,我们就从

第一章 / 青春乍到：了解自己的身体变化并呵护好它

你的身体发育开始说起吧。

在我们的生长过程中，身体各个系统的发育，有早有晚，有快有慢。在十岁之前，人体生殖系统的变化是很微小的，与快速生长的其他器官相比，几乎是"按兵不动"，然而一旦进入青春期，生殖系统的发育则变得"势如破竹"，突飞猛进，一下子就超过了全身其他各器官的发育速度。想必你自己也有所察觉吧，你的生殖器官已经出现了"翻天覆地"的变化。

首先来说说你的"小蛋蛋"，它的学名叫睾丸，是我们男人最重要的内生殖器，存于阴囊之中。睾丸的主要功能有两个：一是产生精子，二是分泌雄性激素。雄性激素会直接影响我们的生殖器官发育及第二性征的出现。你还在妈妈肚子里的时候，睾丸在你的腹腔中，你出生以后它才下降至阴囊内。睾丸的大小，在医学界经常用容积来表示，在十岁之前，一般不超过三毫升，直径不足两厘米。十岁以后，随着身体的发育，容积和直径逐渐增大，到成年时，容积将增至18毫升左右，直径也将达到四厘米左右。当然，这只是个平均数值，睾丸的实际大小，还与人的成熟类型有关。

担任保护睾丸的重责大任的是阴囊，它像个袋子，将睾丸包裹起来，遇热会下垂以散热，遇冷就会往上提升，这是为了让睾丸不要受到伤害。

接下来说说你的"小鸟",它的学名叫阴茎,这是我们男人进行生殖活动的主要器官。在青春期以前,它很低调,一般不会超过五厘米,到了十二三岁以后,它开始快速生长,到青春期末,一般可以长到12厘米。当然,每个人的发育状况会有所不同,就像人的个子有高有矮一样,但一般不会影响它的功能。

阴茎前端的球状物,学名叫阴茎头,也叫"龟头",这是象形的说法,你看一看乌龟的脑袋就明白了。它是由尿道海绵体前端膨大而成,前端尽头有尿道口,是尿液和精液的共同出口。阴茎头上面布满了神经纤维,是我们身体最敏感的部位。小孩子的阴茎头外面包着一层皮肤,称为"包皮"。进入青春期以后或接近成年时,包皮会渐渐向后退缩而露出阴茎头。不过,也有不少人成年以后包皮仍较长,假如你成年后遇到这种情况,如果不严重的话,只要时刻注意卫生,经常把包皮翻起好好清洗一下,不让污垢堆积在里面,是不会影响健康和性功能的。

生殖器官的附属腺还有精囊、前列腺、尿道球腺等。青春发育开始后,它们都会迅速发育并分泌液体,与精子混合后形成黏稠的乳白色精液。精液在体内贮存到一定程度就需要排出体外,这个过程叫作"遗精"。第一次出现时

第一章 / 青春乍到：了解自己的身体变化并呵护好它

又叫"首次遗精"。这是男性特有的生理现象，是青春期发育的主要标志，只要是健康男性均会发生，所以你不必为此感到尴尬和有压力。首次遗精的平均年龄在16岁左右，以后每隔十天半个月可能会再次遗精，这些都是正常的生理现象。

首次遗精大多在夏季发生。初期的精液里可能没有成熟精子。首次遗精后，你的体格发育会渐趋缓慢，而睾丸、附睾及阴茎却迅速发育，接近成人水平。

胡子和其他毛发的生长属于第二性征

记得你很小的时候，爸爸带着你洗澡，你看到爸爸腋窝及生殖器周围所长的汗毛，很好奇，懵懵懂懂地问爸爸，为什么爸爸身上有那么多地方长胡子，爸爸当时也和你说不明白，只能告诉你，等你长大了，也会是这样的。

现在，你长大了，应该有所了解了吧。

男性进入青春期以后，随着生殖器官的发育，第二性征就会日渐显现，如毛发的生长、变声，以及喉结的出现。

在我们第二性征出现的过程中，毛发的变化最为突出。其中最早出现的是阴毛，是因雄性激素水平上升而导致的生长在外生殖器上的浓密卷曲的毛发。阴毛的生长，平均在11～12岁，先是生长于阴茎根部的两侧，以后逐渐向会阴部蔓延，颜色由浅变黑，变得粗而卷。到了青春后期，腹部正中及胸部也长出了毛发，而阴毛则从脐部以下至阴部呈菱形分布。这些迹象表明，这个男孩已接近性成熟期。

不要以为阴毛很难看并且毫无用处，它是为保护我们的身体而长出来的，阴毛能够吸收其生长部位所分泌的汗和黏液，向周围发散，有利于身体健康。此外，它还有保暖的作用，保证精子的正常生存温度。另外，人体阴部汗腺管较为粗大且丰富，出汗量多，加上部位隐蔽，容易发生透气不良，阴毛的存在，可以起到"通风换气"的作用。

当阴毛出现一年至一年半以后，腋毛也开始出现了。腋毛对它所生长的体表部位能起到遮挡、保护人体皮肤的作用，使之不受外来细菌、灰尘等的侵袭。

腋毛的另一个作用是当人体活动时，起到缓解皮肤摩擦的作用，保护腋窝皮肤，使之不受擦伤。

爸爸需要提醒你的是，腋窝一旦长出腋毛，腋窝里常常是汗渍渍的。与幼年时相比，现在的汗水有一种特殊的

第一章 / 青春乍到：了解自己的身体变化并呵护好它

气味。如果不及时清洗，不久就会散发一种令人不愉快的味道，所以从今往后，你要比以前更加注意个人卫生啊！

　　胡须的出现是在腋毛出现后一年左右，此时，额部的发际逐步后移，尤其鬓角处凹入，成为特殊的男性发际。也可更早一些。

　　青春期后，男性一般都会长胡子。胡子比头发长得快，这是雄性激素作用的结果。生殖机能越旺盛、胡须生长就越快。长胡子部位的血管分布要比头发根部多，养分也容易得到，所以，你经常看到，爸爸刚刮过胡子，没几天就又长了。

　　不同人的胡须相差很大。有的人胡须浓密，有的人稀疏；有的人是络腮胡，有的人是山羊胡，这些都是正常状态下的差异。胡须的多少和形状同民族有关，与家族遗传也有关，这是正常的。不管你以后胡子长成什么样，完全不用对此有什么顾虑。

　　就算没有胡须，也不一定就是病态，这要根据整个身体发育情况来判断。如果没有胡须，但生殖器官和第二性征都发育正常，那就不属于病态。男孩生长胡须的起始年龄也不完全一样，有的早几年，有的晚几年，都是正常的，完全不必着急。

　　喉结在 12 岁左右开始出现，这是由于雄性激素的作用使喉头增大及声带变长的结果，所以自13岁起男孩的声区渐渐变粗，称为"变声期"。18岁左右时，喉结发育与变声过程大多已完成。

　　现在你应该基本清楚了吧？咱们男人青春期性发育的程序大致是：睾丸、阴茎、阴毛、腋毛、胡须、喉结、变声等。但这只是通常的规律，实际上每个男孩青春发育的差异程度比女孩更大，所以有些男孩各种第二性征的出现程序与此规律不太符合，多数是正常现象。尤其是毛发的改变，东方人多数不如西方人发达，有的人即使到了性成熟期，阴毛、腋毛、胡须等仍较稀疏。内外生殖器官的大小和长短，同样也有较大差异，只要不是很明显的异常，就不会对今后的生活造成影响，所以不必有压力和负担。

　　随着这些身体变化，爸爸很高兴看到你从一个调皮可爱的小淘气，变成了身材魁梧、声音低沉洪亮的堂堂男子汉。你的脸上长出了胡子，颈部正中的喉结渐渐突起，你肩宽胸阔，四肢变得粗壮而结实。你现在也初步显现了男人特有的阳刚之气与男性魅力，爸爸希望你成年以后，无论内在外在，都能成为一个堂堂正正的男人。

第一章 / 青春乍到：了解自己的身体变化并呵护好它

现在不高，不代表将来长不高

爸爸发现，你这个臭小子对自己的身高问题挺纠结的，我不止一次听你嘟囔过："现在好多女同学都比我高了，是不是因为爸爸妈妈不是特别高，影响我长个了？"臭小子，难道你爸爸妈妈很矮吗？

首先，我要告诉你，你犯了一个常识性的错误。在你们这个年龄段，女孩比男孩高是很正常的。因为通常男孩进入青春期发育的时间要比女孩晚两年，所以女孩的个子也会长得早些。再说了，这种矮也只是暂时的，等你的个子猛增时，很快便会超过你的那些女同学。

就算你现在比一些男生还要矮一点，你也完全不必因此而担心或自卑。因为每个人青春期的发育时间是有差别的，有些人在初一的时候就开始迅速地长个子，而有的则相对滞后一些。爸爸有个同学，就是常来咱家的侯叔叔，上中学的时候又矮又瘦，我们都戏称他为"猴儿"，但这家伙从高一开始猛长，你看现在，长得跟"人猿泰山"似的。

另外，身高、体重和其他特征的变化也有可能存在一定的不同步性。虽然你现在其他青春期特征都开始显现，身高还没达到理想的增长幅度，但在生理上，你完全有长高的可能，不必因此太过担心焦虑。只要平时你加强体育锻炼，保证营养均衡，注意劳逸结合，实现长高的愿望一点也不难。当然，身高是受遗传因素影响的，不过，你爸爸妈妈貌似不矮吧！

退一万步说，最坏的结果就是你长得不够高大，无法像吴彦祖那样一出场就引发全场女生的尖叫，可那又有什么呢？就算个子不高，但是你有健康的身体和敏捷的思维。个子不高，并不一定代表以后自己的成就不高，不代表自己得不到别人的关心和爱，只要用心去对待生活、对待学习，你依旧能够收获理想的友谊、爱情和成功。

爸爸希望现在你能够放松心态对待这个问题。如果有同学拿你的身高开玩笑，不必在意，他们可能是无意的。如果你感觉伤了自尊，心里很不舒服，你大可以表达出来，也许对他们来说，这只是朋友间的一种玩笑，并不知道这对于你造成了伤害，坦诚地交流，有助于你们了解彼此的想法，避免误解和隔阂的产生。而且，你对他们的评价越在乎，他们可能会越变本加厉取笑你，相反，如果你表现

第一章 / 青春乍到：了解自己的身体变化并呵护好它

出无所谓的样子，他们也会觉得索然无趣，自然就不再拿这个问题取笑你了。

当然，你自己也要努力长高些，爸爸给你推荐个不错的方法，就是合理加强运动，尤其是室外锻炼，对你身高的增长大有好处，因为阳光的照射可以促进人体对钙和镁的吸收，有利于骨骼的生长发育。科学统计发现，经常参加室外锻炼的青春期学生要比一般青少年高出4～8厘米。

当然，我们也不能对这个问题太过放松懈怠，觉得"现在不长以后总是要长的"，以免在身体生长的关键时期耽误了你。在你的青春期里，我们定期去做骨龄检查，便于及时发现问题，解决问题，帮助你快速成长。

关于这个问题，爸爸最后再强调一次，一定要放平心态，保持身心的健康。有研究发现，精神上受过严重创伤的孩子生长发育会相对迟缓，甚至停滞。这是因为不良情绪会影响大脑和内分泌系统的功能，轻者影响身体发育，重者导致各种疾病，甚至会出现"未老先衰"的现象。这可不是吓唬你呦！所以，就算为了长高个，你也要把心情放轻松。

这样做，就能拥有好嗓子

小伙子，相信你自己也觉察到了，你现在的嗓音较之以前发生了明显的变化，再不会像过去那样奶声奶气地说话和唱歌了，你的嗓音变粗了，音调也低沉了。这就是爸爸之前提到的变声。

变声期是整个青春期的重要组成部分。性腺分泌的性激素是引起变声期嗓音变化的主要原因。性激素包括雄性激素、雌性激素与孕激素三种，实际上，这三种激素在男性和女性体内都有，只不过咱们男人体内雄性激素较多，而妈妈她们女人体内雌性激素较多。对于喉结发育影响最大的是雄性激素。人体进入青春期以后，在雄性激素和其他激素的共同作用下，喉头迅速发育。喉头主要由上方的甲状软骨和下方的环状软骨等组成，甲状软骨由左右方形软骨在中线连接而成，其形状如同向后展开的两页书皮。声带，就位于甲状软骨里面。男孩进入青春期后，左右两

第一章 / 青春乍到：了解自己的身体变化并呵护好它

块方形软骨所构成的夹角变小，上部向前突出形成喉结。这时喉头的前后颈也迅速松宽，声带的长度几乎猛增一倍，宽度和厚度也增加了。随着声带的发育，从音频上讲，大约要降低一个八度，于是童声也就变成了粗而低沉的男音。

人的一生，变声期是嗓音经历最大变化的时期。在这期间，发音器官从量到质都要发生巨大的变化，如果不注意嗓音的保健，会给嗓音造成不良的后果。例如，变声期间过多地唱高音或发低音，都会使发音器官一部分受到刺激，发育较快；而另一部分因没有很好地运用，发育过慢。两者之间失去了平衡。一旦发音器官的发育平衡遭到破坏，其结果不是嗓音非常高，尖细刺耳；就是嗓音异常低，沉闷沙哑。

另外，心理与情绪对变声也有一定的影响。有些人，从小娇生惯养，说话娇声娇气，变声期后，他们的嗓音往往变得尖细，还像小孩子的声音一样，以后再想改过来也不容易了。

还有些人，小小年纪装深沉，总是有意地把自己表现得很沉稳的样子，一直压着嗓音说话。结果变声期之后嗓音变得异常低沉，成为小老头的嗓音了。

爸爸希望你不要重蹈覆辙，咱们在保护好嗓子的前提下，让其自然发展就好了，这才是属于你的最动听的嗓音。

需要着重强调的是，在变声期，喉咙很容易受损伤。这一时期，正确地使用嗓子，科学地保护嗓子，对我们来说至关重要。作为过来人兼具有一副好嗓子的你的父亲大人，我，很认真地给你提一些建议：

1. 不要过度滥用嗓子，不要无节制地高声喊叫，尤其注意不要过度 K 歌，你这个年龄用嗓过度可能会导致终生声音嘶哑的。

2. 不吃或少吃刺激性食物，尽量不吃酸、辣、苦味食物，如大蒜、辣椒、生姜、韭菜等，这些食物会刺激气管、喉头与声带。

3. 冬天不喝太烫的开水，夏天不吃太凉的冷饮，剧烈运动后不立刻喝冰水。

4. 不要背着我和你妈妈偷偷去学抽烟和喝酒。烟酒中的有害物质对你们这些孩子的生长发育（包括声带的生长发育在内）是非常有害的。

5. 吃饭的时候要细嚼慢咽，别狼吞虎咽的，以免食物中的砂粒、鱼骨刺伤咽喉部的组织。

6. 生活中劳逸结合，不仅要积极参加体育活动，增强体质，而且每天要保证充足的睡眠，不熬夜。

7. 注意胶原蛋白和弹性蛋白的摄入。发音器官主要是由喉头、喉结和甲状软骨组成的，这些器官又是由胶原蛋

白质和弹性蛋白质构成的。声带也是由弹性蛋白质薄膜构成。因此,变声期的你要多吃些富含胶原蛋白和弹性蛋白质的食物,如猪蹄、猪皮、蹄筋、豆类、海产品等。

8.注意保暖,避免着凉、感冒。尤其要注意冬天的保暖,尽量不要穿低领衣服,注意脖子保暖,从而避免口腔、喉部受冷。着凉、感冒都会加重声带的肿胀和充血。

总而言之,在这一时期你必须格外小心。在变声期,正在迅速发育的声带,如遇外界不良刺激很容易造成声带的永久性损伤,而使成年后的嗓音受到影响。所以,要想长大后拥有一副好嗓子,你现在就要认真保护它。

喉结不明显,也是男子汉

那天,爸爸的门诊来了一个学生模样的小伙子,向我诉说了他的烦恼:他20岁了,看上去都很正常,唯独喉结不明显。他知道,男性发育后喉结会突出,所以自从十几岁以后,他就经常对着镜子看喉结,越照越觉得自己的喉结不明显。

上高中的时候，别人还以此嘲笑他。从那以后，他心底就没彻底开朗过，总觉得自己的男人特征不明显，生怕别人看他的脖子，以至于大夏天都穿着高领衣服。这块心病缠绕了他好几年，现在上大学了，也因为这种自卑不敢主动去追求女孩子。

他一遍又一遍地问我："我是不是发育出现了问题？""我还能够治疗纠正吗？""您这里可以做喉结整容吗？或者您帮我推荐一家医院可以吗？"见他那焦急而又期盼的神情，爸爸非常细致耐心地给他做了全面检查。这个小伙子长得蛮强壮的，身高177厘米，体重74公斤，肩胸宽厚，肌肉发达，内外生殖器发育都正常，胡须、体毛分布均符合男性特征，声音低沉有力。为彻底打消他的疑虑，爸爸又给他做了内分泌检查、染色体检查，结果显示均很正常，也就是说，他是个如假包换的男子汉。

当爸爸把检查结果告诉他时，小伙子的心情明显放松了许多，他表示既然能够确定自己的发育没有出现问题，心里就坦然了。但他还是不明白，为什么自己分明是个男子汉，喉结却不明显呢？爸爸问了他两个问题："你上学时酷爱运动吗？""经常自慰吗？"对于第一个问题，他很坦然地回答说自己是校田径队的，而对于第二个问题，他不

第一章 / 青春乍到：了解自己的身体变化并呵护好它

好意思地笑了笑，没有回答，不过答案已经很明显了。爸爸告诉他，这两点可能就是他喉结不明显的原因。他听了之后一愣，表示并不明白。我想你也很好奇吧。那么爸爸就把对他做的解释再给你复述一遍。

首先需要强调的是，关于这个困扰很多男性的喉结不突出问题，虽然得到了学者的关注和研究，并初步确定和某些因素有关，但还没有最终的权威答案。爸爸说的，只是一些可能性的研究结果。

我们知道，喉部的发育状况是与年龄、性别有关的。在青春期之前，男性、女性喉部的发育状况差别不大，进入青春期以后，女性喉部仍无明显增大，而男性喉部则在雄性激素的作用下迅速增大。那为什么一些男性虽然有着男性嗓音而喉结却不明显呢？临床调研发现，在喉结不明显的成年男性中，田径、体操等体育运动员占了很大比例，他们从青春期前就一直从事大运动量的体育训练，身体健壮，肌肉发达，男性性征也很正常；还有很大一部分人自述有频繁的自慰史。学者们据此得出了一个可能性的结论，即，一些男性在青春发育期雄性激素大量消耗致使甲状软骨未能充分向前突出，以致从外观看喉结并不那么明显。尽管前突不充分，但喉的前后径较青春期前还是增大了，故声音同样是男性嗓音。不过，还有一些人是因为颈部较粗、肥胖或甲状软骨不是典型向前突而是向四周等量扩张，所以看起来喉结也不那么明显。这些喉结不明显的男性，绝大多数已结婚、正常生育，且无其他异常表现，内分泌检查也未见异常。换句话说，绝大多数喉结不明显的男性，身体是健康正常的，并不影响正常的生活和婚姻。

相关调查研究也已证实了这一点，即喉结的明显与否，与睾丸及阴茎的发育没有必然的联系，一些男性虽然喉结不明显，但其睾丸及阴茎的发育正常。所以，现在一些医学书刊上不再把喉结的突出与否作为判断男性第二性征发育是否正常的标准，有些解剖书上甚至已经不再提到喉结这个解剖术语了。

所以呢，爸爸也提前给你打个预防针，如果你的喉结发育得不是那么明显，不要因此感到自卑和困惑，只要你的内外生殖器发育良好，毛发分布及生长正常，声音为低沉的男性嗓音，你就是一个堂堂正正的男子汉。

第一章 / 青春乍到：了解自己的身体变化并呵护好它

男孩子也会有乳腺增生的

　　昨天你做完作业，趁着妈妈去超市的空档，来到爸爸书房，脸色尴尬地对爸爸说："爸爸，我可能是生病了。"爸爸当时吓了一跳，忙问你哪里不舒服。你欲言又止，看样子好不容易才鼓起勇气要说，赶巧妈妈这时候回来了，还带来了楼下的张阿姨。你慌忙对爸爸说，"还是下次再说吧"，爸爸心里虽然着急，但也看出你的窘迫，所以尊重你的意愿，没有当场追问。今天，在爸爸的一再询问下，你终于吞吞吐吐地说了出来。原来，前些天，你感觉自己的乳房部位有点疼，用手仔细一摸，发现乳房中有硬块存在，你当时就蒙了——男人乳房怎么会有硬块？！该不会是要像班上女孩那样胸部发育了吧？！你为此纠结了好几天，才有勇气想要寻求爸爸的帮助，毕竟，男人乳房发育这事实在太尴尬了！

　　傻孩子，爸爸告诉你，这很正常！

一直以来，大多数人都认为，乳房有硬块是女人才会出现的状况，其实，这并不是女性的"专利"，一些男性在青春期也会发生。

乳房主要是由乳腺组织和脂肪及结缔组织构成的，乳腺细胞的表面存在能识别和接受雌激素的特殊结构。当雌激素与乳腺细胞的受体结合后，乳腺细胞的代谢就活跃起来，使乳腺细胞增生，乳房发育隆起。不过有些到青春发育期的男孩，睾丸在产生分泌雄激素的同时，也分泌少量的雌激素，当然其含量是微乎其微的。雌激素便使乳头部位的乳腺细胞不断增殖，导致乳房形成硬块。一般来说，青春期男孩的乳房硬块常局限于乳头下面，触之有时可有疼痛感。数据显示，在13~15岁的男性青少年中，有1/3~2/3的人出现过一侧或双侧乳头突起的状况。对青春期男孩来说，它称为特发性男性乳房增生，这可能与生长激素、雌激素及肾上腺皮质激素对乳腺的刺激有关。这时体内的雌激素可能相对较多，等到发育后期往往会自行消退，一般要经过数月到一年时间，但不必进行治疗。

所以，孩子，你不必为此惶恐不安，你是不会变成女人的！

当然，除了这种生理性增生以外，偶尔也会有病理性增生，如肝脏疾病、睾丸功能低下、肾上腺疾病、甲状腺病、肿瘤、截瘫等疾病的伴发症状。如果是怀疑有这些可能性的人,就需要及早就医了,否则就会耽误病情。

不要随意拔胡子、鼻毛和其他毛发

前两天午餐的时候,爸爸听同事说,他们皮肤科门诊来了一位十七八岁的小伙子,嘴唇红肿,右半边脸也肿了起来。一问才知道,小伙子平时没事就喜欢用小镊子拔胡须,以往都没事,没想到这次拔胡须后第二天,嘴唇就开始红肿,后来就成了这样。给那小伙子看病的许叔叔说,这是由于拔胡须引起了皮脂腺细菌感染。末了,他叹了口气说,现在小孩子的心理真搞不懂,长些胡子有什么不好,多有男人味,非要把自己整得像奶油小生似的。对于这个问题,爸爸没有发表看法,毕竟每个人的审美观不同,将来你留不留胡子,留什么样的胡子,只要不过分,爸爸就不会过多干涉,但有一点我必须提醒你:最好不要拔胡子、鼻毛、腋毛什么的!

胡子是男子汉的特征之一。男孩子到了青春期就会逐渐长出胡子来，由少到多，由细到粗，越长越旺盛。可是不少年轻人不喜欢长胡子，总是一根一根地把胡子拔掉，以为这样胡子就不会再生长了，这是一种很不好、很愚蠢的"自残"习惯，也很可能为自己招来疾病。

　　胡须，结构上同身体其他部位的毛发一样，分为三部分：露出皮肤外面的部分叫毛干，埋在皮肤里面的部分叫毛根，毛根末端膨大部分叫毛球，毛球下端凹陷部分叫毛乳头，毛乳头里含有神经末梢和血管，它供给毛发营养并接受毛发的感觉。毛根周围的袋状结构叫毛囊，它与附近的皮脂腺相通。只要有毛球、毛乳头和完整的毛囊存在，毛发就能再生。拔胡子时不仅疼痛，而且拔掉的只是毛干、毛根。由于拔不掉毛球、毛乳头和毛囊，因此胡子仍可再长出来。

　　人的鼻唇周围有丰富的血管网，且与颅内血管相互交通，所以这个部位在医学上称为"危险三角区"，如果随意拔胡子，唇周皮肤及其毛囊和皮脂腺发生的细菌感染极容易蔓延到颅腔内的海绵状静脉窦，有可能引起脑膜炎或脓毒败血症，这是十分危险的。此外，即使引起的皮肤感染能够治愈，也有可能因为损伤过重而会在表面遗留疤痕、硬结或色素沉着，结果是爱美不成反而损伤外观。

　　鼻毛长在鼻腔中，对人体有很重要的防卫作用。它可

第一章 / 青春乍到：了解自己的身体变化并呵护好它

以过滤吸入的空气，阻止灰尘和异物吸入，能使吸入的空气流速减慢，给空气加温，避免寒冷空气刺激肺部。鼻毛上沾有灰尘、飞虫等可引起打喷嚏，使这些异物得以排除。如果将鼻毛拔掉，不仅失去了保护功能，还会因为拔掉了鼻毛而破坏了毛囊，导致细菌侵入。

鼻毛和胡子一样，所处的位置也是面部危险三角区内，一旦有了细菌感染，很容易侵入颅内，引起脑膜及大脑的感染，给人体带来极大的危害。因此，爸爸再强调一下，为了身体的健康，你切记不要随便拔胡子和鼻毛！

当然，这也不是说就任它们随意生长，给人一种"不修边幅"的邋遢印象。你可以在胡子和鼻毛长到一定长度时，用剃须刀和专门的鼻毛修剪器处理一下，这才是最适宜的处理方法。

至于腋毛，我想你一个男孩子应该不会无聊到去修剪它吧？很多女孩子认为夏季穿短袖时，腋毛露在外面不雅观，就用剪刀去剪或用刀片去刮。其实，这样做是错误的，也是有损健康的。因为不论是剪还是刮腋毛，都不能阻止腋毛正常萌出这一生理现象，而且极易造成腋窝的细菌感染。

当然，不同文化对腋毛的看法也不同。在某些国家，人们认为它非常性感；而在另一些国家，则认为不刮掉它就不卫生。想如何处理腋毛全凭自己的喜好，毕竟，它们长在自己的腋窝下面。只要时常保持清洁卫生，没人介意你是否刮了腋毛。

而你作为一个男孩子，爸爸建议你就不要去刮了。

青春痘不会影响你的帅气

这几天，你原本白净的脸上突然长出了几颗青春痘，爸爸发现，你每天都会对着镜子看，有时甚至还想挤掉它，但因为怕疼，迟迟没敢对自己下狠手，可是，你却一脸的不高兴。臭小子，想不到你还挺爱美的。

其实，你脸上的青春痘并不多，并未有碍观瞻，所以爸爸觉得你不必太过在意。青春痘是最常见的毛囊皮脂腺的慢性炎症性皮肤病。因皮脂腺管与毛孔的堵塞，皮脂外流不畅所致。自青春发育期后，几乎每个人都在脸上或其他部位长过青春痘，只是有些人数量少，时间短，一般在25岁以后自然趋向痊愈。事实上，青春痘只要不严重，就

不必放在心上。老爸当年脸上也长了不少痘痘,你看,现在爸爸的皮肤不是挺好的嘛。

至于在"抗痘""战痘方面",老爸还是很有些经验的,给你讲一下:

首先爸爸要告诉你,青春期脸上为什么会长痘痘。

1. 你近期为了备考,经常熬夜学习,压力又大,说实在的,爸爸挺心疼的。而这,也可能是你脸上长痘痘的原因。熬夜和情绪波动都会造成人的内分泌失调,痘痘不知不觉就产生了。

2. 有的人是油性皮肤,油性皮肤的皮脂腺非常发达,皮脂的分泌也非常旺盛,而且毛孔特别粗大,皮肤的角质也比其他皮肤厚重,一到了夏天,油性皮肤会不断地出油,皮脂分泌过旺容易导致毛孔被堵塞,出现排油不畅的情况,皮脂在毛孔中不断地累积、突起,最后也就长成了痘痘。你的同学里肯定有这种皮肤的,不信到了夏天你注意观察一下。

3. 不注意个人卫生,不注意皮肤的清洁,或者不明就里地滥用一些碱性用品,这样容易让脸感染细菌,引起毛囊的堵塞,引发痘痘的产生。

其实,你只要能把上面这些细节问题都做好,青春痘对你的帅气是无法造成威胁的。下面,爸爸就再跟你说说我的"战痘"经验：

1. 一定要特别注意个人卫生。衣服、枕巾和被罩等有可能接触到脸的东西，一定要经常换洗，洗好之后最好在阳光下曝晒。经常用来擦脸的毛巾定期要用开水泡一泡。

2. 皮肤的日常清洁要做到位。平时洗脸的时候，要使用适合自己的洗脸皂或洗面奶。一般做法是把洗面奶或者洗脸皂在手心揉搓出泡沫，再用海绵使泡沫增加，接着用海绵从脖子、嘴巴四周、下巴、脸颊、鼻梁等处顺序轻刷，最后用温水冲走泡沫，再用冷水拍脸。

3. 脸上长痘痘，不要急不要慌，不要用手挤压青春痘，因为手上的细菌很容易通过痘痘的伤口传播。不要擅自使用外用药物，有必要的话，爸爸会帮你咨询一下我们院皮肤科的叔叔，咱们要听从专业医生的指导。

4. 在饮食方面，爸爸建议你：少吃含有刺激性激素的食品，如膨化食品、可乐、咖啡、奶酪等；少吃脂肪和糖类食品，少吃油炸食品；少吃葱、蒜、辣椒等刺激性辛辣的食物；多吃含有维生素的水果和蔬菜，如胡萝卜、红薯、玉米等；多吃黄瓜，黄瓜有排毒的功能；多喝蜂蜜水。

5. 爸爸希望你尽量不要熬夜，一定要注意夜间的休息，提高睡眠的质量，但也不可贪睡，其实八小时的低质量睡

第一章 / 青春乍到：了解自己的身体变化并呵护好它

眠真的不如六小时的高质量睡眠来得有效呢。

6. 保持心情的放松。对于青春期的你来说，难免会出现情绪波动大的情况，爸爸希望你能够调节好自己。有时候，低沉的情绪也会直接影响到皮肤。所以就算为了你的帅气，爸爸也希望你尽量保持开朗、乐观，避免一切不良的情绪。

总之，爸爸希望你能明白，青春期的时候，痘痘在所难免，我们会和它有一个持续性的战争，这场战争最终的结果取决于你是否有足够的耐心和细心。

别挑食，那样会妨害你成长

儿子，随着你的成长，你的胃口一天好过一天，爸爸每天最开心的事情就是看着你在饭桌上狼吞虎咽。可是有一天我忽然发现，你的狼吞虎咽是有选择性的，一些食物你从来吃不够，而另一些食物你坚决一口不碰，这让爸爸非常担忧，毕竟长身体的时候需要更全面的营养供应，如果因为饮食上的不平衡导致某些营养成分的缺失,后果是非常严重的,那会影响到你的健康和成长,让你跑不快、睡不好,甚至连个头都长不高了。所以爸爸希望你能够改掉挑食的坏毛病,因为只有营养全面了,你才能拥有一个健康的体魄,做一个强壮的男子汉。

儿子,你知道吗,楼下那位李叔叔四岁的儿子迪迪被幼儿园送回来了。这些天冷空气南下,突然降温,幼儿园怕感冒流行,又恢复了上学都要量体温的制度。迪迪今早37.5℃。老师说:"迪迪每次都是幼儿园流行病的传染源,今天不要上学了,去医院看病吧!"李叔叔很纳闷,为什么迪迪三天两头就感冒发烧?于是跑去看医生。医生询问了迪迪的吃饭情况,原来他吃饭挑食,鱼、肉、荤腥一点不吃,连蛋、奶也都不喜欢;蔬菜、水果也吃得很少;甜食还可以,最喜欢吃糖和巧克力。正是这样的饮食习惯导致迪迪体内缺乏了很多成长过程中必需的微量元素及维生素。他经常容易生病发烧,就是这个原因在作怪。

因为偏食,你的体内会缺少很多维生素和微量元素,每一种维生素以及微量元素在人体的健康平衡中都有着举足轻重的作用,一旦失去平衡,你的身体健康就会失去对病毒的防卫能力。为什么失去防卫能力呢?一条重要原因是营养障碍、维生素缺乏引起的。如果偏食挑食,将会引

第一章 / 青春乍到：了解自己的身体变化并呵护好它

起维生素 C、维生素 A、微量元素锌缺乏。维生素 C 的作用是提高人体的杀菌和抗病毒能力，是制造免疫抗体和干扰素不可缺少的东西；而维生素 A 的重要功能之一是促进皮肤和黏膜增生，能稳定上皮细胞的细胞膜、维持皮肤和黏膜的结构完整，增强其免疫能力；此外，微量元素锌也有强化免疫功能的作用。当维生素和微量元素缺乏时，呼吸道黏膜这道屏障防线的功能就会被削弱，在病毒细菌的侵袭下，容易发生呼吸道感染。迪迪就是因为平时吃饭挑食偏食，导致体内缺少脂肪和蛋白，要知道，维生素 A 是能溶于脂肪和油中的维生素，在动物性食物中含量高，如果不吃荤腥、不吃油，必然导致维生素 A 缺乏。迪迪现在经常说晚上看不太清楚东西，已有轻度夜盲症，便是缺乏维生素 A 的症状。医生所给出的建议就是尽快改变他的饮食习惯，同时，还要适当补充维生素 A、维生素 B、维生素 C，让黏膜的功能尽快恢复起来，阻止病毒犯境，打断呼吸道反复感染的恶性循环，让他的咳嗽和发烧早日康复起来，同时也提高自身对于病毒的抵抗力。

知道了这些，再回头看看你自己，诸如"我不要吃胡萝卜，太难吃了！""怎么又是青菜，我不吃了！"这样的话也是你经常挂在嘴边的，虽然你每天也都能吃得饱饱的，但是要想身体长得好，并不仅仅是吃饱就行的，还要注意营养均衡。爸爸认识的一个朋友的孩子今年五岁，身高比同龄的孩子矮了近十厘米，家人带他到医院检查后得知，孩子居然患上了矮小症。经医生诊断，正是因为偏食，孩子的身体所需的微量元素不能及时补充，影响生长激素分泌，从而使得身高比同龄的孩子矮许多。这是非常可怕的，你想想，一旦耽误了身体的成长发育，想要再补回来就不那么容易了。

接下来在纠正你挑食的过程中，爸爸也有了新的体会和感悟。刚开始的时候因为有些操之过急，甚至会忍不住逼你去吃某些食物，结果让你产生了心理阴影，觉得吃饭是一件挺可怕的事情，产生了抗拒感。后来爸爸慢慢体会到，让你不挑食千万不可用逼的方法，要学会去抓住心理进行诱导。首先爸爸发现你似乎觉得吃饭很闷，这可能是因为我们做家长的没有把进餐时间当作与孩子交流的时间。如果把用餐当成一家人交流的机会，那孩子可能会很乐意与父母一起正常用餐。接下来我开始找其他的方法去鼓励你，比如在适当的时候用你喜欢的食物当奖励。我们商量好，在你尝试了新食物后，再用少量你喜欢的食物作为奖励。慢慢地，你的挑食习惯得到了改善，你接受的食物渐渐多起来。

第二章
羞涩困惑：
在性面前你不必迷茫

那天早上，妈妈去叫你起床，发现你红着脸在披床单，等你走后妈妈洗床单时才发现，原来你"画地图"了。妈妈把这件事告诉了我，我不禁哑然失笑。臭小子，这有什么害羞的呢？爸爸要祝贺你，儿子，这说明你是个男子汉了。关于青春期的生理问题，爸爸现在要和你好好聊一聊了。

对不起，性教育我们做得不够

　　爸爸知道，你们这些青春期男孩总是爱凑在一起议论女人，爸爸和叔叔们那时候其实也是这样。爸爸也知道，到了这个年纪，对性产生好奇在所难免，不过爸爸希望你能够对自己有个把握。比如，如果班里有男生私下里传看裸露的照片，或网上有这样的照片，你最好不要参与。因为此时的你自我控制能力还不够强大，一不小心就有可能做出出格的事情，再说一旦被老师发现了，又请家长又谈话的，咱俩都丢脸，太不值了。关键是，这样做了，你接着会有性压抑、性困惑产生。这对你来说，会有很大的心理影响，也是不好的。

　　爸爸有个同学，离婚后为了孩子一直没有再婚，她对孩子寄予厚望，各方面要求都很严格。听她说过，那孩子三岁多的时候，就曾经哭闹着要看妈妈洗澡、换衣服、上卫生间。而她一概拒绝了，因为她认为男孩看过女人的身

第二章／羞涩困惑：在性面前你不必迷茫

体，就容易学坏。对于孩子提出的与性有关的问题，她也一概不予回答，她自认为在这方面自己对孩子的要求是非常严格的，也是非常正确的。

爸爸并不这样认为，在爸爸看来，青春发育是人生必经之途，由于性成熟而出现对性知识的渴求和对异性的向往是自然的。随着年龄增长，增多与异性的交往是正常的，是不以人们意愿为转移的。结合身心发育特点，在青春期进行性知识、性心理、性道德等教育是顺应自然和社会需要的。如果封闭了正确的性知识，不但不能起保护作用，反而会使孩子从其他渠道接受片面的、似是而非的以及色情淫秽的内容，从而妨碍孩子身心健康的发展。

事实上，那位阿姨的教育方法果然出了问题。那个男孩 13 岁时，去英语老师家一对一补课，英语老师是个年轻漂亮的未婚女青年。补课结束后，正在收拾书包的男孩发现老师在上卫生间，在强烈的好奇心与冲动的驱使下，他鬼使神差地走到卫生间门前，透过门缝偷看了老师小便，结果，被老师发现了。那个老师因为年轻，并不懂得青春期孩子的心理，也缺乏处理这种事情的经验，一时情急，大骂男孩是流氓，并立刻打电话把家长叫了过来，还威胁他说要将这事报告给学校，让男孩接受严厉的惩罚，可想而知，当时男孩一定被吓傻了。

爸爸的同学赶到后，对着孩子又一顿大骂，以缓解老师的羞愤情绪。所幸，这个老师人还不错，经过家长的努力，老师也从保护孩子的角度出发，没有再追究此事。但是，男孩从此就变了。曾经成绩优异的孩子上课经常走神，厌学情绪越来越重。几个月后，他妈妈在他的床垫下发现了很多色情影碟和色情书籍，妈妈整个人都快要崩溃了。接着，他被妈妈送到了另一个城市的亲戚家，希望换个环境让他能够忘掉此事。而然，远离妈妈的日子，男孩对色情图片和电影更加痴迷了，经常躲在自己的房间一边看色情小说、电影，一边自慰，不愿意到学校上课。亲戚对他也是束手无策。

后来，那个曾被妈妈寄予厚望的男孩因为高中的时候猥亵女同学终止了学业，他后来对妈妈坦诚地说，其实，他当时就是想看看女人的性器官与男人的有什么不一样，女人没有鸡鸡怎样小便，所以他才会偷看老师的。

很多时候，做家长的一念之差，就可能令孩子遗憾终身。在这一点上，爸爸觉得我们这些做家长的应该好好和你们检讨一下。

事实上，孩子在两三岁后，就会问家长一些涉及性的敏感话题。比如，你小时候就问过："妈妈，我是从哪里来的呀？"还记得妈妈那时候给你的回答是："爸爸在妈妈的

第二章 / 羞涩困惑：在性面前你不必迷茫

肚子里放进了一颗种子，种子发芽后，你就出生了。"天真的你似懂非懂地说："可是，我觉得妈妈的肚子里面只有米饭，没有种子呀！"惹得我和你妈妈忍俊不禁。孩子，请原谅我和妈妈没有客观地对你讲述，毕竟爸爸妈妈那时还年轻，还没有完全做好准备和你谈论这个话题。

最近，爸爸看了一段郑渊洁老师的话，深受感触，他说，他儿子六岁时，他就对儿子说："今天有个事挺重要的，我得给你讲讲。"他儿子这时问他一个问题："为什么每次下雨的时候先看见打闪，雷声隔一段时间才过来？"郑渊洁老师说："儿子，我先给你讲这个，我这个事很重要。"你猜讲完后他儿子什么反应？他儿子说："那爸，现在可以告诉我为什么先看见闪电后来才打雷了吗？"

这个事情让爸爸认识到，对孩子进行性教育并不是多么恐怖、可怕的事情，孩子其实就是好奇，就是把它当成一个想要知道的科学知识，就像打雷下雨一样，只要用非常正常的、自然的、科学的态度跟你们讲，就行了。据我所知，荷兰的性教育是从四岁开始的，当然，在不同岁数要讲的内容也不同。

就像上面谈到的那个男孩，其实他一开始也只是好奇，只是他从小到大了解成人身体的欲望一直被严厉制止，这个被压抑的欲望才在青春期最终泛滥成灾了，如果我们这些做家长的能够提前把这件事情做好，那么这样的悲剧应该会减少发生。

所以，爸爸觉得现在很有必要和你谈谈这些问题了。其实，性就像一张纸，戳穿了是没有什么好害羞的。也许，我们之间的一次倾心之谈就可以避免你误入歧途，与爸爸妈妈的羞怯相比，你才是最重要的。

爸爸知道，对于你这个年纪的孩子来说，青春期最大的困惑就是对女人的神秘感，你们老想看一看女人的身体到底长得啥样，到底与自己有什么不一样。爸爸给你买了一本书，《成长与性》，就放在你的书桌上，希望你能带着坦然、公开、科学的态度去看，有什么不懂的，完全可以来和爸爸交流。

不过爸爸要提醒你，在接受科学性教育的同时，要注意自觉抵制性挑逗、低级庸俗和不健康的读物，克服这方面的好奇心。对黄色书刊和录像，有了第一次，自然就有第二次、第三次，就刹不住车了。这需要意志力，所以孩子，你需要不断培养自己的意志力，该干的坚决干下去，不该干的坚决不干，没有一点儿意志力的人将来是不会有出息的。

第二章 / 羞涩困惑：在性面前你不必迷茫

有生理反应不是丢人的事情

爸爸曾看过一个笑话，说是有一个从小生长在山区的孩子第一次去城里叔叔家走亲戚，在路边看到衣着性感的美丽女郎海报，身体不自觉地有了反应，于是匆忙跑回家，对他叔叔说，叔叔我病了，那里肿了。他叔叔一下子笑了，但又不知道怎么和这个孩子解释才好，于是拿出两粒钙片给孩子，说没事的，叔叔送你两粒药，吃了一会儿就好了。

爸爸看过这个笑话以后，其实并没有笑，反而陷入了深思。很多时候，我们这些家长不正像这个叔叔一样吗？自以为自己善意的谎言是对孩子好，但事实上，这不是愚弄孩子吗？这样一来，孩子下次如果遇到同样的情况，会不会以为自己又病了呢？会不会因此无故给自己增添心理负担呢？所以爸爸觉得，我应该和你说一说这个问题。

阴茎勃起是天生就会的，男性胎儿在子宫内就可以勃起。小男孩出生后排尿时也可能勃起变硬，但这时的勃起并无任何性的含义。

男孩进入青春期以后，随着体内雄性激素水平的升高，性意识开始觉醒。有关"性"内容的听觉、视觉、嗅觉、触觉以及思维、想象等刺激作用于阴茎，会使其勃起，这叫精神性勃起。另外一种因局部直接刺激，如对外生殖器的直接触摸，走路时短裤摩擦，以及直肠膀胱受到刺激所引起的勃起，称作反射性勃起。青春期男孩这种受到性刺激引起的勃起属于正常生理现象，不仅无须治疗，反而是青春期性发育成熟的一种标志，也是性激素分泌正常的一种表现。对此，应坦然处之，无须多虑。

如果你在街道上或者在校园里看到漂亮海报或者漂亮女孩，生殖器发生了反应，这是正常的，说明你从男孩开始向男人过渡了，爸爸为你高兴，说明你的性取向没有问题。当然你也不用理它，一会儿就正常了，再说，也没有人注意你那个地方。最主要的是，你不要因此产生困惑和感到压抑。

那么，阴茎为什么能变化无常，有时想控制它又不能控制它呢？

这要从阴茎的解剖结构和生理功能来解释。

第二章／羞涩困惑：在性面前你不必迷茫

阴茎是由三根长形的海绵体组成的，其中两根位于阴茎的背侧，组成阴茎干的大部分，称为阴茎海绵体；另一根位于这两根的下方，即阴茎的腹侧，主要是尿道穿过的地方，称为尿道海绵体。

海绵体是一种松软的类似于海绵状的组织。阴茎海绵体内有许多血管丛。它们都有朝一个方向开放的活塞瓣膜装置，起阀门样的作用。当出现性兴奋时，这些瓣膜就自动关闭，血管丛在神经兴奋的作用下同时扩张，血液便大量流入阴茎。由于瓣膜已关闭，血液只能进，不能出，海绵体就膨胀、肿大，整个阴茎就勃起变硬。射精后，阴茎内动脉收缩，血液流入减少，瓣膜开放，静脉回流增加，海绵体变小，阴茎又恢复了原状，这就是阴茎能硬能软的原因。当阴茎勃起时，越想让它立即疲软，越会把注意力引向性兴奋中枢，延长性兴奋时间。

所以，正处于青春骚动期的你，要把注意力集中到学习与工作上。即使在公共场合阴茎勃起，也不要慌张，试着想别的事情，随着大脑皮层其他中枢的兴奋，性兴奋中枢就会出现抑制，勃起也会随之消失。

幻想无罪，但放纵是有罪的

今天，爸爸单位的一位护士阿姨和我们说，她昨天在家里打扫卫生的时候，在床底下发现了15岁的儿子写的一篇小说，小说里有不少描写性爱的情节，看上去都让人脸红。她当时既震惊又害怕。她儿子是个品学兼优的好孩子，她担心孩子做出不理智的事情，因此向大家咨询，该怎么办才好。

其实这个问题暂时来看，并不严重。在青春期，性压力会在每一个孩子身上体现出来，这也是不可避免的。这与学习成绩不会有太大关系。如果他儿子写的色情文字只是供自己回味，没有传播，这是被允许的，这样的宣泄方式没有伤害他人，这就是原则。我们这些同事都建议那位护士阿姨明确告诉孩子不可以外传这些文字，同时，对孩子进行适合年龄的性教育和法制知识教育。

由此，爸爸也想到了你。

第二章 / 羞涩困惑：在性面前你不必迷茫

像你这个年龄的孩子，一个人待在家里时，或者夜里躺在床上时，或者在公交车上发呆走神的时候……很容易就开始了自己的性幻想。幻想中的异性或许是同学、邻居、某个明星人物、根本不认识的陌生人等，网络、电视剧、电影、小说、广告、画报中的性信息都会反映在你们的性幻想中。你也不要尴尬，爸爸是过来人，当然也有过这种幻想。

说到底，这都是青春期惹的祸。这是发育过程中正常的性生理和性心理现象。人的性腺在儿童期基本处于沉睡状态，因此，小孩子不会产生性兴奋。可是到了青春期以后，我们的性腺开始发育并逐渐趋于成熟，在它的作用下，性激素产生了，咱们男性主要是雄性激素，女性主要是雌性激素。在性激素的作用下，人就会产生性意识，就会对与性有关的东西产生好奇探究的心理，并且时时产生性冲动。于是，有的人会认为自己变坏了，脑子变复杂了，为此很是懊悔自责。其实，大可不必这样，这是青春发育中再正常不过的现象。

据国外一些资料报道，大约有27%的男性和25%的女性肯定他们在完全没有性知识时就有了性幻想；28%的男性和25%的女性在青春期前就有这种性幻想。据国内调查，在19岁以下的青少年中，有性幻想的占68.8%。青少年偶尔出现性幻想并无不良后果。这是正常的、自然的。但是，承认性幻想是相当普遍的正常的性心理现象，绝不是说可以沉湎其中。因为一旦沉溺势必会影响学习和生活，给自己的身心带来不良影响。过多的性幻想甚至可能导致在现实生活中出现行为上的越轨甚至犯罪。

如某校一位高二的男生一直非常喜爱教音乐的年轻漂亮女老师，每当音乐老师上课，该男生便心猿意马，想入非非，想象自己和老师一起亲密、拥抱，因而无心听课，成绩一落千丈。有一次去办公室恰巧碰到该老师一人在，便将老师紧紧抱住强行亲吻，结果被学校严肃处理。还有某大一男生，入学初期还是个品学兼优的好学生，一次偶然的机会游览黄色网站后，便不能自制，经常从该网站上下载许多黄色淫秽音像制品和同学一起观看，并进行模仿，最终走上了犯罪的道路。

你现在还在成长过程中，由于性心理尚不成熟，有的时候并不能控制自己的本能，对性的欲望具有盲目性，这也是爸爸略微有些担心的，爸爸希望你对性能有一个正确的认识，切不要因为过分好奇而想去尝试，甚至误入歧途。

首先，爸爸希望你能够认清自己的发育特点，包括性心理发育的特点，知道自己对性的好奇是生理上、心理上的正常现象，把握好自己，不要因为自己的性幻想觉得荒

第二章 / 羞涩困惑：在性面前你不必迷茫

唐，或者因为性好奇的情况而感到内疚或恐惧，不要让自己背上包袱，同时要理智地控制自己的行为。

其次，爸爸希望你能一直保持正确的生活方式和态度。要多多参加集体活动，在活动中自然地、坦率地、友好地与女同学进行正常交往，满足对异性的心理需要。同时，希望你能把青春旺盛的精力集中在努力学习、发展兴趣特长、追求进步上。丰富多彩的活动，充实的生活可以淡化和转移人的性欲。

最后，爸爸希望你能做好心理调节，特别是调适自己的性心理，正确处理好青春期性幻想问题。下面，爸爸给你介绍几个小经验：

1. 当性幻想出现时，可以用暗示法，在心底对自己说："处于青春期的我，有这样的想法很正常。下面我要认真地看书。"咱们不过分否定也不过分沉溺，有适当的自我控制而不过分抑制，从而减轻性幻想对自己生活的影响。

2. 有时改变一下情境就能调节人的情绪。如在做作业时走神而发生性幻想，可以变换一下情境，和同学聊会儿天、出去看看风景等，都可以缓解由于性幻想带来的心理压力，并且有助于形成积极的心理环境，从而提高学习效率。

3. 产生性幻想时，可以找一个安静的环境，以最舒服的姿势坐着或躺着，闭上眼睛，尽可能慢且深地用鼻子呼吸。同时，想象自己正处于一个平时自己最喜欢的情境中，感觉舒畅平和，非常的放松。想象结束时，静静地坐一会儿，进行五次慢而深的呼吸，然后慢慢睁开眼睛。每天坚持有规律地放松可以减轻性幻想的困扰，并有助于身心健康发展。

其实，只要你自己有自控力，再加上爸爸妈妈、学校、社会的努力，性幻想就只是你青春期成长中的小秘密，而不会成为成长的障碍。

遗精别害怕，说明你长大了

和你说一件爸爸的糗事吧。那是爸爸上初二的时候，有一天，爸爸平静的世界突然发生了一件重大的事情。那天夜里，爸爸突然从梦里惊醒，醒来之后竟发现自己短裤湿了一片，在这之前，谁也没有告诉我这是怎么回事啊！该怎么办？我一下子就蒙了。但是，有一点爸爸明白，这

第二章 / 羞涩困惑：在性面前你不必迷茫

是男人的事，所以我想，这事只能靠自己解决了。从那天起，恐惧就一直伴随着爸爸，我以为自己是得了什么病呢，或者是自己的身体发育出现了问题。有好多天，爸爸夜里都睡不好觉，白天上课无精打采的，脸色越来越不好，记忆力越来越差，成绩也明显下滑，我甚至担心，这个毛病会不会让自己死掉。后来呢，你爷爷奶奶看出了我状况不对，你爷爷还特意和我进行了一次单独谈话，当我支支吾吾地说出自己的病症以后，你爷爷笑得眼泪都下来了，从那以后我才知道，那种病叫遗精，是一种正常的生理现象。

转眼这么多年过去了，每次想起这事，爸爸还觉得自己傻乎乎的，想想你的年龄也到了，所以爸爸也和你谈谈这个问题吧，以免你也像爸爸当初一样担惊受怕。

遗精通常又称为"梦遗"或"梦精"，多数男孩子在睡梦中发生。过去，对于遗精曾有不少错误的解释，有的把这种现象说成是病理因素或道德缺陷造成的，并再三强调遗精是有害的，认为男孩子应避免出现这种现象；有的把遗精归结为是由于衣裤穿得太紧，或被褥过暖，或睡眠姿势不恰当，使阴茎受到刺激所致；还有一些家长认为梦遗是由于男孩思想不纯洁所致；有人则认为是由于性发泄途径不畅出现的高度紧张反应。所有这些均未找到遗精的根本原因——男孩发育期成熟的生理原因。

进入青春期以后，男性在生理、心理上迅速发育成熟，特别是性生殖系统变化较大，睾丸体积增大，体内雄性激素水平明显升高，在睾丸、精囊、前列腺、尿道旁腺等组织器官相互作用下，不断产生精液。当精液量超过附睾和精囊的储存限度时，就会出现"精满自溢"的现象，反射性地引起射精，使精液从尿道溢出体外，这时遗精现象便不可避免地发生了。事实上，任何一位发育健康的男性在青春期及以后都有可能发生遗精现象。所以，对于遗精这个现象，你根本不必感到任何的恐慌，也不要有任何的负罪感，几乎每个男人都会有这样的经历，这并不是你的身体或是心理出现了问题。恰恰相反，这表明你已经成为一个真正的男子汉，可以孕育自己的后代了。一般情况下，从第一次遗精开始以后，男生每个月差不多都会有两次左右的遗精。

当然，也并不是说所有男孩都要遗精，据统计，在男性中，遗精者大约占80%。因为男性的精液和尿液都是通过一条通道排出体外的，有的人的精液就可能少量多次地排入尿道，并随尿液排出。另外，有规律或频繁的自慰都可能导致不遗精的情况出现。

爸爸希望你能明白的是，遗精是自发的、不随意地反

射活动,不能受人的意识所控制,遗精与思想不纯洁或道德品质好坏无关,所以,不要因此给自己什么思想压力。

遗精后,一般只需要简单地用卫生纸清除排出物,及时擦拭、清洁局部皮肤即可。内裤应及时更换,换下的内裤应随即清洗,并在阳光下曝晒。初次遗精后,爸爸建议你尽量避免穿紧身内裤,裤子过紧会增加对阴茎头的摩擦,容易引起性冲动。同时,你也要注意保持外生殖器的清洁,避免包皮垢刺激龟头。

不过,如果出现了这样的情况,比如遗精的次数达到了一天一次或者一天数次,或者说稍微有一点性的欲念,精液就要流出来的话,而且遗精以后你明显感觉自己精神萎靡不振,注意力不集中,腰酸腿软或者是头昏头疼等,那么这个就属于"病症滑精"了。出现了这种情况,你一定要及时告知爸爸,这种情况多与生殖器官发育异常有关,我们需要进行专业的治疗。

自慰这个事情，能控制就好

小子，听你妈妈说，最近给你打扫房间，不止一次在床底下发现了用过的卫生纸，有些潮湿。和爸爸老实交代吧，你是不是有自慰行为了？

你先不要恐慌和尴尬，爸爸并没有责骂你的意思，不过关于这个问题，爸爸还是觉得有必要和你谈一谈。

自慰这个事情呢，可以说只要适度，是没有什么危害的。

自慰是人从出生后就存在的行为。在儿童时期常是一种不自觉的玩弄动作，比如有的孩子会不自觉地玩弄自己的生殖器。到了青春期以后，由于性激素的作用，促进生殖器官和第二性征的发育，外生殖器敏感性加强，随着正常的性发育会自然而然地产生冲动和性需求。因而会在性生理和性心理的驱使下出于好奇开始自慰。自慰是一种泄欲的方式，取得心理平衡。自慰行为不成为习惯，不会对

第二章 / 羞涩困惑：在性面前你不必迷茫

身体有什么影响。

一般来说，自慰的害处只在于自慰带来的心理危害。一般像你这么大的孩子，由于对性自慰缺乏正确的认识，常受到一些陈旧错误看法的影响，使本来很普遍而正常的一种自然行为被认为是不正常、不道德的。每次自慰后总是又后悔又害怕。不少人因此背上了沉重的精神包袱，内心矛盾重重，精神备受折磨，严重影响了身体健康和学习。实际上，对人有害的并不是自慰本身，而是对自慰的错误认识和由此造成的心理压力。美国精神病学专家阿瑞蒂指出："自慰是标准的性行为之一，只不过人们在自慰时常伴有罪恶感和心理焦虑，才造成了种种不良后果。"

事实上，自慰对于处于青春期的青少年来说，其实是个很普遍的现象。国外调查资料表明，90％以上的男女青少年都曾经有过自慰的历史。国内的发生率可能会低些，但也不会低很多。所以，如果你真的有自慰行为，也不要给自己什么心理压力，很多人都有，这不是什么心理变态，是很正常的一种宣泄行为，尤其是对你这个年龄的孩子来说，再正常不过了。

爸爸可以明确地告诉你，自慰并不是疾病，不是道德败坏，也不是一种恶习。在青少年性生理迅速发育成熟后，性冲动难以抑制而又没有合法的途径满足时，自慰就是一种有益自己无伤他人的自我满足途径，在一定程度上具有宣泄性能量、缓解性紧张、满足性冲动、保持心身平衡、避免性犯罪和不轨行为的作用。适度的、有节制的自慰行为对身体是无害的，也是符合人性的。1991年6月，在荷兰首都阿姆斯特丹召开的第十届世界性科学大会上，正式在全世界范围内为自慰正名，自慰得到了医学科学的认可。

但是，凡事都要有节制，一旦过了这个节制，就不好了。如果自慰次数过多，形成习惯，甚至以自慰为嗜好，那它就像暴饮暴食会造成消化不良，运动过度会使肌肉劳损一样，无论从生理和心理上都会产生一些不良影响。

比如，一些人不注意性心理卫生，对自慰行为不加节制，追求性刺激，频繁地进行自慰，结果就会导致休息不够，身体过度疲劳，经常出现腰酸、腿软、头昏等不适症状，影响了身体健康，也严重影响学习和人际交往。自慰过度频繁情况严重时，男生甚至会造成暂时性阳痿、早泄、前列腺炎症等疾病；另外，一些青少年为了寻求刺激，四处收集黄色书刊，沉湎于荒诞而离奇的性幻想中，使自己意志消沉，学习精力分散，这更是要不得的。

所以在这方面，爸爸还是希望你能克制自己，要培养广泛的生活情趣，多参加各种有益的社交文体活动，放下

包袱,放松身体,把旺盛的精力投到户外运动和体育活动中去,投到正常的学习和工作中去。

关于如何节制自己的欲望,爸爸给你提一些建议:

1. 不看黄色书刊、杂志、影视作品。尽量远离导致自慰行为的诱因。

2. 当自慰的念头强烈时,尽最大能力在你脑子里制止这个念头。你可以背诵诗词或唱一首振奋人心的歌曲。最重要的是要把你的念头从纵容自慰的需求上调转过来。

3. 生活上要讲究卫生,勤换洗内裤,勤洗澡,避免因性器官瘙痒而抓挠,不穿紧身裤,不趴着睡觉,早晨醒了就马上起床,消除自慰的时间与环境。

4. 制订一个有力的每日锻炼计划。锻炼能减缓精神紧张和沮丧,它绝对是解决问题的基础。

5. 尽量不要一个人独处,找几个好的伙伴,待在他们中间。

尺寸大小与功能没多大关系

那天,爸爸的门诊来了两个高中生,他们坐在那里欲言又止,脸色红红的。爸爸猜测他们可能是有什么难言之隐,便找了个借口让门诊里的其他人暂且回避,并鼓励他们有什么问题就说出来,病不讳医。其中一个男孩稍稍犹豫了一下,说:"叔叔,我们的那个很小,还有办法让它再长大些吗?"我给他们做了个检查,挺正常的啊,于是便问他们为什么会有这样的结论。原来,前一段时间他们学校组织学生去体检。他们检查完后在屏风后面穿衣服,偶然听到有同学在说某某人阴茎短小的事。这两个孩子就想,阴茎短小是怎么回事?这个问号在他们大脑里扎了根,挥之不去。结果,两人一琢磨,想出一个主意,去浴池暗中和别人比比大小。谁知道到浴池一"观光",两人觉得谁的都比他们的大。有意思的是,他们又都觉得对方的要比自己的大一些。从浴池出来已经入夜了,两人郁郁寡欢地各

第二章 / 羞涩困惑：在性面前你不必迷茫

自回了家。从那以后，他俩的情绪一直很低沉。后来，两个人实在憋不住了，相约来到爸爸这里，咨询看有什么办法能够让阴茎再长长些。

爸爸很负责地告诉他们，他们的阴茎长度并没有什么问题，如果没有其他什么症状，那就是健康的，在给他们仔细讲解了一些生理知识以后，两个人终于如释重负地长舒了一口气，放下了这种杞人忧天的想法。

事实上，这种情况在青春期男孩身上经常发生，所以爸爸觉得你也有必要了解一下。许多年轻男孩发现自己的阴茎不如别人的长或粗，就盲目担心：自己的是不是不正常？对以后会不会有影响……其实，这样的担心，大部分都是多余的。

首先，这可能是一种视觉上的误差。因为我们在与别人做比较时，观察别人的角度是平视，而观察自己的角度是俯视，所以常感到自己的小了些。不信的话，下次洗澡的时候，你把咱家穿衣镜搬进去，与镜子中的自己做比较，看看是不是也会出现这种视觉误差。

而且重要的是，阴茎大小并不影响它的能力。人有高矮胖瘦，正常成年人的阴茎大小自然也存在个体差异。尤其是在疲软的情况下，个体差异就更大。只要第二性征发育正常，无阴茎畸形和睾丸萎缩，阴茎勃起功能良好，就是正常的。一个器官的正常与否，重要的是在于它的功能是否正常，而不是它的大小。

　　有许多报道都喜欢列出男性阴茎的"标准长度"，这实在不是非常恰当的做法，尤其是"标准"两字，易让人产生误解，以为在标准之下，就是异常。爸爸希望你不要受这些影响，事实上，不管大小、长短，性器官的形状不会影响你今后的生活，这是必须牢记的。

第三章

男人私话：
照顾好自己的私密地带

　　这个话题可能会令你感到有一点尴尬，但爸爸又不得不说，因为生殖器是很重要的器官，维护它的清洁，注意它的安全非常重要。许多人都认为女孩在这方面的清洗保护很重要，至于男孩，没必要那么在意。这种观点是不对的，男人也要注意。

男人的私处有三个最怕

想必我不说你也知道,咱们男人的生殖器常被称为"命根子",这个称呼足以见得它对男人的重要性。不过,"那里"也是一个十分容易受伤的地方,只有精心呵护与保养,才能保持它的健康。今天爸爸先和你说说它的三个"最怕":

1. 男人私处怕脏

一直以来,在人们的观念里,男性似乎不用像女性那样注重整洁和个人卫生,所以你可能不明白,爸爸妈妈为什么对你的个人卫生要求那么严格。那么,爸爸就跟你解释一下。

事实上,讲究卫生,尤其是生殖器官的卫生,不只是女性的事情,咱们男人也同样应该重视,适度清洁是保障男性生殖系统健康的有效手段。清洁卫生工作做得不够或

第三章 / 男人私话：照顾好自己的私密地带

做得过多，都不利于男性生殖系统的健康。

咱们男人的包皮皮脂腺会分泌一种带有臭味的白色分泌物，不易排出去，如果不及时清洗，长期积存就会成为包皮垢，加上滴尿或精液的存留，这样就给细菌营造了一个繁殖的环境，造成阴茎头和包皮发生炎症，产生瘙痒，甚至还可能发生阴茎癌。据统计，90%以上的阴茎癌是因为包皮过长或包茎引起的。此外，由于包皮垢长期刺激，若不注意清洗，局部皮肤组织防御功能会减退，也容易受到传染性病原体的感染。

所以呢，爸爸妈妈对你的个人卫生一直要求很严，这完全是出于对你个人健康的考虑，你也不要嫌我们唠叨。现在你长大了，洗澡洗身子的时候也不能再像小时候那样草草了事了，尤其是对于生殖器官的清洗，一定要多注意，别让细节毁了你的健康。关于这方面，爸爸就再不怕你烦地叮嘱两句吧。

以后每天洗澡的时候，一定要做好生殖器官的清洗工作，方法是：用手把包皮退到龟头后，将积聚的污垢、皮脂清除。由于包皮对化学清洁剂比较敏感，所以最好不要用香皂、沐浴露清洗，有不少人因此曾出现过包皮、龟头过敏反应，所以一般情况下，没有什么炎症，我们只要用清水清洗就可以了。万一在包皮与龟头间因污垢积聚而引起炎症,可用专门的外阴消毒清洗药水浸泡擦洗,当然,出现这个问题,你要告诉爸爸,爸爸会根据情况衡量我们是否需要进行专业治疗。

2. 男人私处怕热

男人生殖器官中的睾丸不耐高温,它需要维持比体温低的温度,一旦温度过高,就会影响到精子的成熟和雄性激素的分泌。

不过,咱们男人的阴囊具有温度调节的功能,就像一台"空调",调节着整个生殖器官的温度。不过,一些不好的习惯,比如长时间骑车或驾车、爱穿厚牛仔裤、把笔记本电脑放在大腿上用、长期坐在宽松的沙发里等,都会导致阴囊被包围挤压,不能正常调节温度,以致睾丸温度上升,生殖功能受到影响。

还有一些男人,喜欢泡温泉,以此来消除疲劳。温泉的温度往往偏高,尤其是在冬天,其温度一般都会高于人体体温,这样就会破坏精子的生存环境,一些精子承受不了高热,自然就会被"热死",久而久之就会导致不育症。

关于这些,在今后的日常生活中你一定要有所注意,这关系到你未来生活的幸福指数。

3. 男人私处怕压迫

现在，有车一族越来越多，步行的越来越少，生活方便快捷的同时，也给健康带来了很大影响。爸爸看到不少像你这么大的孩子，出门不是坐家里的车就是打车，连短短的一站路也不愿意走，事实上这对我们的身体是非常不好的。

医学数据显示，那些勤于步行的男人，其勃起障碍的发生比率是惯于久坐的男人的一半。性学专家研究发现，在患有射精疼痛、早泄、不射精的男子中，往往存在久坐现象。

事实上，长时间坐软沙发或长时间开车，都会使得我们的私密部位受到压迫，从而使供应动脉的血液受到挤压，静脉汇流受阻，生殖器处于挤压变形的状态，其功能必然受到影响。

所以呢，爸爸希望你在以后的工作和学习中，在这方面应多注意，坐久了就站起来活动一会儿，开车每两小时务必活动15～20分钟。经常做会阴部的收缩运动，每天两次，每次十几分钟，这样不但可以促进局部血液循环，更能起到强力的助性效果。

小心点，别让它受了伤

最近爸爸看到一条新闻：因下课时看到有学生踢男同学下体，某小学班主任便提醒道："同学们，你们要学会保护自己，女不打脸，男不打下体，要保护好自己的小弟弟。"不料放学后，就有学生跟家长反映："老师真恶心，在课堂上给我们讲要保护好下体。"

其实，爸爸挺为这个老师叫屈的，她分明是出于保护孩子的角度，说了一些加强孩子安全意识的话，只是因为我们国家的家庭性教育太落后，总把与性有关的问题视为洪水猛兽，不分好坏一棒子打死，所以有些孩子才会不辨是非，一听到相关话题就觉得恶心。爸爸希望你不要有这样的想法，当然，不管你是否觉得恶心，这个问题爸爸还是要跟你深入地说一说的。

咱们男人的整个外阴部，包括阴茎和睾丸，都是要害

第三章 / 男人私话：照顾好自己的私密地带

部位，尤其是睾丸。由于睾丸神经分布及外表包裹的阴囊那层又厚又韧的白膜，使它获得保护，而不易受到伤害或轻易改变位置。睾丸是一对娇嫩的器官，对外力极为敏感。你可以随便捏捏自己的大腿肌肉或肚皮，都不会感到特别疼痛或难受，但你要是用同样的力气去捏一下睾丸，就会难以忍受了。因此，咱们男人的会阴部，包括阴茎、阴囊、睾丸，若不慎被撞击，便会疼得无法忍受，甚至满地打滚晕厥过去，这在医学上被称为神经性休克症状。

武侠小说中有一种叫"猴子偷桃"的招式，中招的人非死即重伤，被认为是非常下流的招式，你和同学打闹的时候可千万不要用哦。

睾丸受到外力撞击以后，会自动产生反射性收缩，回缩至会阴处，因此，只要受到的打击不是太重，稍稍活动一下，使缩上去的睾丸迅速下降到原来的位置即可。但如果受到外力刺激过大，导致睾丸长期处于不正常位置，睾丸就有可能发生扭转，使精索血管扭曲、睾丸血供中断，缺血时间过久，将会导致睾丸坏死。所以对于私处，你一定要严加保护，如果不慎受到伤害，剧烈疼痛不止，或发生血尿的话，必须马上去医院检查和治疗，不要因为害羞错过治疗良机，以免出现严重并发症，那时就追悔莫及了。

包皮过长不是小事

每到假期，爸爸的门诊都会有不少学生家长带着孩子来咨询有关包皮手术的事。其实，随着医学的发展，割包皮技术已经十分成熟，发展为小手术，费用也并不高。

包皮过长和包茎是青少年男性中常见的病症，但是由于孩子们缺乏这方面的知识，加上家长疏于指导，因此很容易被忽视。

爸爸给你简单解释一下。

包皮过长、包茎是众多男人存在的普遍问题。在胚胎发育时期，包皮会伴随着阴茎的成长而和龟头紧密相连，并将龟头包住，具有保护生殖器的作用。因此，刚出生的小男婴都会有包皮过长的现象，但它可以保护细嫩的龟头，尤其在婴幼儿容易发生尿布疹的时期，如果勉强用力将包皮拉到龟头后面，常会造成受伤甚至疤痕，孩子会感到疼

第三章 / 男人私话：照顾好自己的私密地带

痛。一般来讲，到了七岁以后，随着年龄的增长和身体的不断发育，大多数男性的包皮会逐渐向阴茎头后方退缩，包皮口逐渐扩大。当身体完全发育成熟后，包皮会退缩到阴茎冠后方，使阴茎头完全外露。据医学界的概率估计，男性在15～16岁时，约有1/3的人龟头开始外露，到20岁时，有2/3的人阴茎的外形可以完成上述的转变。然而，还有另外的1/3男性，即使到了成年时期，由于包皮过长或包茎，仍使其龟头不能突露。所谓包皮过长，即男性到了15～16岁时，其阴茎包皮仍然把阴茎包住，但能向上翻起露出阴茎龟头。如果阴茎包皮口很小，且包皮又不能翻起露出龟头，那问题就比包皮过长更加有害，叫作包茎。

包茎会影响阴茎的生长发育，在青春期由于阴茎头被包皮紧紧包住，得不到外界的应有刺激，阴茎头的发育受到很大束缚，致使性器官发育成熟后的阴茎头冠部的周径明显小，特别是包皮口径过小的男人，包皮上翻不能复原，包皮紧紧卡在冠状沟处，成嵌顿包茎，痛苦不堪。

有包皮过长或包茎症状的人，因为长期的尿液、包皮垢的慢性刺激，可能会导致包皮龟头黏膜水肿、充血、糜烂、反复交叉感染，甚至发生包皮嵌顿，导致包皮龟头坏死等严重后果。同时，这类患者结婚以后，还可通过夫妻生活将病菌带入女性体内，导致女性患妇科疾病。

此外，反复的包皮炎症，易导致龟头与包皮粘连，使阴茎勃起受到限制，进而引起性生活疼痛，不仅会造成夫妻间性生活的不和谐，还可导致心理性功能障碍；另外，由于包皮垢感染而引起的前列腺炎影响精液中精子的活动力和精液的黏稠度，很有可能会造成不育。

所以呢，包茎和包皮过长绝不是一个可以忽视的小问题，它关系到一个男人身体、心理健康的方方面面，一旦出现了这个症状，别害羞和尴尬，也别害怕，跟爸爸说，爸爸可是这方面的行家，一定能帮你轻松消除这个小毛病以及它所带来的隐患。

下面，爸爸教给你一个检查自己是否有包皮过长的简单方法：你早晨醒来晨勃的时候，看看包皮能否自行退到龟头后面，如果有困难就是包皮过长。

第三章 / 男人私话：照顾好自己的私密地带

阴囊是个容易生病的家伙

阴囊是一个皮囊，有着富有弹性的肉膜和柔软而较薄的皮肤，当温度升高时，弹性肉膜张弛，表皮亦随之弛张，使得阴囊表面积扩大，从而增加散热能力，当气温降低时，弹性肉膜收缩，阴囊缩小，皮肤表面积减少，从而减少阴囊内热量的散失，这样的弛张与收缩，使阴囊内温度调节在一个理想的范围之内。

前面爸爸和你提过：睾丸和精子的生长发育，要求一个低于体温的恒定温度，温度过高或过低，都会使精子的生存和发育受到威胁。所以阴囊会时大时小，这并非疾病，只是阴囊在发挥它的调节功能，你完全可以放心。

不过，阴囊皮肤薄而娇嫩，加上局部不通风，夏季极易诱发皮肤病，这一点你要注意。另外就是不要过于恐慌，以为自己得了什么不好的病。一旦发现阴囊部位不舒适，马上告诉爸爸，我们及时治疗。下面，爸爸就给你介绍几种阴囊部位常见的皮肤病及其防治措施。

1. 皮炎

皮炎是一种较常见的阴囊皮肤病，起因与饮食中缺乏维生素 B 有关。其症状为皮肤潮红、脱皮甚至起水泡，又痛又痒。预防的措施是，多吃新鲜瓜果蔬菜和杂粮，补充 B 族维生素。

2. 湿疹

湿疹也是一种常见的阴囊皮肤病，主要是因为青春期新陈代谢旺盛，汗腺发达，出汗多，再加上气温高，空气里湿度大，阴囊处通风条件不好，导致湿疹产生。湿疹使患处奇痒难忍。此时应内服抗过敏药物，患处涂缓解症状的软膏。

3. 癣症

癣症是由霉菌感染引起的阴囊皮肤病，常与患者其他部位的皮肤癣症有关，也有人穿了别人的裤衩或泳裤而感染。在治疗的同时，需要治疗身体其他部位的癣症。同时，爸爸要叮嘱你一句，以后你上大学住宿了，室友之间切记不要彼此混穿衣裤。

第三章 / 男人私话：照顾好自己的私密地带

紧身牛仔裤少穿为妙

前些天你买了条牛仔裤，说实话，挺不错的，显得很有青春活力。爸爸发现，你们这个年纪的男孩子都挺喜欢穿牛仔的，这主要是因为它修身还百搭吧。对于你的着装，爸爸不做太多干涉，只要符合你的年龄特点，符合正常的审美观，不那么另类就好。不过对于这个牛仔裤，爸爸还是要说几句。

事实上，男人是不适合穿过紧的牛仔裤的，这要从睾丸的发育特点谈起。

咱们男人在胚胎期时，睾丸位于腹膜内，阴囊也没有形成，到出生时，阴囊形成，睾丸下降到阴囊内。睾丸为什么不像女人卵巢那样藏在体内，而要悬在体外呢？因为阴囊中的温度比体内低1.5℃~2.5℃，这种温度才有利于睾丸的正常发育。如婴儿出生后睾丸还没下降到阴囊内，称为隐睾，隐睾患者的睾丸因处在体内的温度环境中，他们的睾丸中产生精子的组织就不能正常发育。实验证明，如果用人工的方法使动物睾丸的温度升高，会引起睾丸产生精子的组织变性。

咱们想象一下，穿紧身而不易透气的牛仔裤，把睾丸和阴茎紧紧挤在裆的体壁上，不就等于是在人为地给睾丸加温吗？男人如果长期穿着紧身牛仔裤，会造成对阴囊与睾丸的过紧束缚，加上透气性差，使局部散热减少，引起阴囊温度升高而降低精子的活力。另外，牛仔裤阻碍局部血液循环，尤其不利静脉血液回流，可造成睾丸瘀血而影响生殖能力。

再者，睾丸、阴茎的体积在青春期正在迅速生长，如果给它们加上一层紧紧的束缚，不妨碍它们的生长吗？诚然，年轻男孩子穿上仔裤显得很帅气，可付出的代价也是不小的。

所以，爸爸建议你尽量穿着宽松的衣服，紧身牛仔裤不要常穿，给自己的私密地带适当的空间，这样它们才能健康而茁壮地成长。

第三章 / 男人私话：照顾好自己的私密地带

内裤选错了，私处会很受罪

内裤是贴身衣物，选择得好不好，直接关系到私处的健康，如果穿错内裤，私处健康必然受牵连。所以今后你自己买内裤的时候，一定要慎重。

在谈内裤的选择之前，爸爸还是再跟你强调一下个人卫生吧。

很多男人对内衣卫生不重视，觉得没有必要像女人那样天天换洗，国内医学专家们的调查结果也显示，仅有近1/5的人每天都换内裤。事实上，这种观念和做法是错误的。生物学家研究发现，一条脏内裤平均带有0.1克细菌，而其中有一些细菌是很难杀死的，这就时刻危害着男性的生殖器官。所以爸爸建议你，养成每天换洗内裤的习惯。另外提醒你，内裤必须手洗，因为内裤一般相对较小，为增加摩擦密度，最好用拇指与食指捏紧，细密地搓弄，这样才洗得干净、彻底。洗好的内裤不要直接暴晒，应先在阴凉处吹干，再置于阳光下消毒。否则，内裤容易发硬、变形。

另外，咱们男人穿内裤也是有很多讲究的，不能掉以轻心，盲目或者不规范地选择内裤不仅会导致男性疾病，甚至还会导致不育。比如：

1. 纯棉内裤容易长痱子

很多人都认为纯棉的衣物最好，更有些人非纯棉不买，其实这种想法并不正确。对于容易出汗的人，尤其是像你这样长时间坐在教室里的男孩来说，纯棉内裤虽然吸汗，但不容易干，皮肤长时间接触湿衣物，容易出现红肿、瘙痒感，生成湿疹或痱子等。因此，纯棉内裤对青春期的你来说，并不是最好的选择，不宜常穿。

2. 深色内裤可引发过敏症

深色内裤是经过染料染出来的，染料都是集多种化学物质于一体的大杂烩，多少含有一些毒性。至于太白的内裤，有可能由于过度漂白，也潜藏着一定隐患，这样的内裤会增加人体与过敏症结缘的风险。

3. 聚酯内裤会杀精

有研究发现，穿纯聚酯内裤的男性，有近40%的人

14个月以后精子数量明显减少,约9%穿半棉半聚酯混纺内裤的男人到十个月时精子数目下降,而在换掉化纤内裤4～8个月以后,精子数量大多恢复正常。

此外,内裤选错还有可能导致阴茎变弯曲。临床发现,不少男人阴茎变形,出现不同程度的弯曲。究其原委,竟是紧身内裤惹的祸,因为在紧身内裤的束缚下,阴茎长时间遭受压迫,久而久之便变弯曲了。

前面爸爸跟你提过穿紧身牛仔裤对生殖器官发育的影响。穿紧身内裤产生的影响和穿仔裤相类似。另外,从阴茎所处的状态来说。白天,由于紧张的学习和其他各种活动,加上性道德观念的制约,使阴茎勃起的神经被抑制,阴茎处于疲软状态。夜间,大脑处于充分休息状态后,使阴茎勃起的神经常常解除抑制,使阴茎一阵阵地处于勃起状态,这表明它的发育处于正常状态。穿紧身内裤会约束阴茎的勃起,这种约束可能会引起频繁遗精。

前面也说过了,如果是精满自溢,完全属于正常生理现象,顺其自然就好了。但如果是人为原因造成频繁遗精就不属于正常现象了。频繁遗精可以引起失眠、头晕、疲乏、精神不振等症状,因而会影响学习和正常生活,还可能造成一些心理负担。所以,爸爸希望你能够对自己的身体更认真负责一些，在选择内裤时，一定要慎重考虑。

精子很脆弱，不要虐待它

今天，爸爸想和你说说对于你以后的婚姻来说至关重要的事情，就是对精子的保护。精子直接关系到你婚姻生活的幸福指数，因为精子质量好男性的生育能力才会好。

但你并不知道，精子是相当敏感又脆弱的，来自生活中各种外在或是内在的刺激都可能降低它的活力，甚至扼杀它的生命力。从精子的生物学特性来看，精子是雄性生殖细胞发育的终端产物。在精子发生、形成和变形的过程中，由于细胞质脱逸，胞浆中DNA修复酶丢失，使得DNA损伤与修复系统机能随之丢失。因此，它不能像体细胞和卵细胞那样能够自行修复90%以上的原发性遗传物质的损伤。另外，与其他各种细胞相比，精子对有毒

第三章 / 男人私话：照顾好自己的私密地带

物质更为敏感。精子就是这样生性娇嫩，容易受到各种伤害，所以在你的成长过程中，一定要精心、细心地呵护好它。

爸爸给你提几点建议，这和你的生活息息相关。

1. 别再跷腿久坐玩 iPad

许多男性坐时偏好夹腿或跷二郎腿，时间一久，阴囊摩擦可产生热量，前面爸爸和你说过，精子成长的过程需要低温，不然精子就会夭亡，所以这种习惯显然是对精子很不友好的。iPad 是电子产品，不仅散发热量，而且辐射强度也不低，放在腿上的危害性不亚于笔记本。所以爸爸要叮嘱你，不要养成坐在沙发里一玩一下午的不良习惯。

2. 对精子要有好脾气

情绪低落、精神不佳等情况会对人体内分泌产生不良影响，男性睾丸的生产精子功能也会因而发生混乱，精子数量可能因此锐减，甚至严重的话，有不孕的隐忧。

3. 烟酒尽量别接触

吸烟和酗酒对精子的伤害很大。烟叶中的尼古丁有降低性激素分泌和杀伤精子的作用。凡每天吸 30 支烟者，精子存活率仅有 49%，吸烟者体内雄性激素的分泌量比不吸烟者少16%～47%，从而使生产精子的能力相应降低。酗酒不仅会导致生殖腺功能降低，还会使精子中染色体异常，从而导致胎儿畸形或发育不良。在当下这个年龄，爸爸要求你一定要远离烟酒，就是成人以后，即便不能不沾烟酒，也要注意不要过度。

4. 睡觉要有个好姿势

爸爸记得，你小时候喜欢趴着睡觉，我纠正了好多次，才给你改过来。你可知道，为什么爸爸不让你趴着睡觉吗？因为这种睡姿既容易压迫内脏，导致呼吸不畅，又对生殖系统有一定影响。趴着睡觉会压迫阴囊，不利于阴囊散热，对精子的生成有不利影响，而且还会刺激阴茎，影响血液流通，易造成频繁遗精等。

那么趴着睡觉不行，侧卧呢？比如右侧卧，既不会压迫心脏，又不会压迫到阴囊，事实上，侧卧也会有意外状况发生，那就是睾丸的扭转。常见的睾丸扭转状况多在激烈运动后出现，但也有少部分会发生在侧卧睡眠时，当我们侧卧睡眠时，睾丸和阴茎被挤压在两腿之间，生殖器官所承受的压力较之站立时要大，有人睡觉时还不太老实，总是动来动去，双腿也扭来扭去的，意外就很容易发生。

是的，这样一来，就只剩下平躺睡了，平躺睡能够消

除爸爸上面所说的那些隐患,还能给阴囊和阴茎充分的活动空间,所以这个睡姿才是你最好的选择。

5. 少骑一点自行车

爸爸知道,你喜欢骑自行车代步,这也是你非常喜爱的一项运动,然而为了你的生殖健康着想,爸爸还是建议你少骑一些为好。骑车时,我们身体前倾,腰弯曲度增加,使你的睾丸、前列腺紧贴坐垫而受到挤压,长此以往,会出现缺血、水肿、发炎等症状,影响精子的生成以及前列腺液、精液的正常分泌。此外,骑车过程中身体不停地颠簸和震动,可导致阴囊受损,阻碍精子的酝酿。

其实爸爸给你的这些建议,都是我们日常生活中不在意的小事,但往往是一些平时不注意的小事情却给我们的身体健康埋下了大隐患,所以爸爸希望你能够多多用心养护自己的身体,防微杜渐才是对自己身体的最大负责。

即使你是男孩，也要有防范意识

　　十多年前，爸爸去英国基尔大学医学院进修的时候，经常听闻性骚扰、性侵害事件，需要强调的是，在当时，犯罪分子已经把袭击目标由女孩扩大到了男孩身上，一时间搞得人心惶惶。以往对男孩性安全毫不担心的父母们一下子紧张了起来。我当时还庆幸，咱们国家社会治安状况良好，没有类似现象发生。
　　现在，你长大了，爸爸却也开始担心了，因为近些年来，国内也陆续报道了不少这样的案例。
　　在我们以往的印象里，大多性侵事件都发生在女性和女童身上，导致大多数人认为只有女性才会被性骚扰。这也导致社会各方面在对男孩性教育方面的重视程度低于女孩。长期研究儿童心理领域的心理学专家认为，当下对未成年人的性教育比较薄弱，而对男生的性教育则几乎是空白。

第三章 / 男人私话：照顾好自己的私密地带

可以说，男孩受到性侵犯，在很大程度上来自社会和教育者的忽视，是社会、学校以及我们这些做家长的总以为男孩不会有这方面的困扰，对孩子缺乏防范意识的教育，才给了那些人渣可乘之机。调查显示，青少年中男生的性危害防范意识较缺乏，无论是高中、职校学生还是大学生，每100个男生中，就有两三个有被迫的性行为，是女生的2.2～2.3倍。

和你说这些，爸爸只是希望你能够提高这方面的警惕，不要轻视这样的事情，或是置之不理。如果有人对你进行骚扰，无论男女，记得坚决拒绝，如果你一味地忍让或是逃避，解决不了任何问题。骚扰者还会认为你默许他（她）的言行，在半推半就。这样下去后果将更为严重，受到的伤害程度更大。

同时，你要做好自我保护，爸爸叮嘱你几句，希望你能牢记在心里。

1. 你的身体是属于自己的。你的身体是隐私，特别是性器官部分。没有任何人有权利看或是摸你这部分的身体，除非是医生为你检查的时候。如果有人看你或是摸你的方式让你觉得很不舒服，你要相信自己的判断，马上离开他们。

2. 如果有人经常有意无意地触碰你身体的敏感部位，

或是有人企图要求你这样做，严厉拒绝他（她），并且一定要告诉爸爸妈妈。我们绝对不会因此责怪你。记住，无论是谁做出这样的举动，那肯定是错的，即使这个人是警察、你的老师或亲戚、护士、医生。和别人不能碰你的隐私部位一样，你也不可以触碰别人的隐私部位，即使是他（她）要求你这么做的。

3. 出门在外要小心。不抄小巷、不落单、不凑热闹。不理会陌生人的搭讪，不轻易相信陌生人的话。不接受陌生人给予的食物或饮料。如果被人跟踪应该尽量选择去热闹、明亮的地方，如麦当劳、商场等，寻求店员等工作人员的帮助，而不要直接回家。如果有人强迫你做你不想做的事情时，可以大声呼救引起别人的注意。

总之，无论处在任何环境，爸爸都希望你能够保持应有的警觉，别让任何人伤害到你，当然，你也不必去怀疑每一个人，只是要让自己细心一点，不给真正的坏人可乘之机，而那些人的一般特征是：要求和你单独在一起，动手动脚。

当然，大多数人从来不会这样做。你可能永远都不会遇到之前说的那些情况，但是万一你遇到了，要记得爸爸刚才说过的话。

第四章
情窦初开：
处理好和女孩的关系

爸爸知道，现在还懵懂的你其实已经开始对异性有了好感，爸爸也知道，其实你不想早恋。爸爸还知道，不想早恋的少男少女也有情感需求，也需要异性交往。所以爸爸不会干涉你的正常异性交往，因为我们不能诋毁感情本身，但爸爸希望你能够把握分寸。

对异性有好感是天性，不越界就好

儿子，今天你妈妈把一封从你书包里发现的所谓"情书"扔在爸爸面前，让爸爸决定如何去处理。这件事确实让我有点意外，虽然觉得不太合适，但我还是看了这封信的内容，大致就是写了你对某个女生的欣赏和好感之类。后来爸爸把这封信小心地放回你的书包，并且在晚上让妈妈旁敲侧击地询问你这件事情，你似乎觉察到了什么，变得局促不安起来，仿佛做了什么亏心事，甚至表现得有些内疚。爸爸想对你说的是，你已经到了青春期的年龄，对异性产生欣赏和好感是你作为男孩子的天性，千万不要因此而内疚，爸爸只是想了解更多的情况，但要是因此而引起你的不安和内疚，就不是爸爸的本意了。

第四章 / 情窦初开：处理好和女孩的关系

爸爸其实想告诉你，你这个年龄的男孩子开始对女孩子产生好感是一件再正常不过的事情，因为青春期的少男少女正处于对异性的好感期，他们在性意识发展的过程中度过了短暂的异性疏远期后，就开始对异性产生兴趣，开始关注周围的异性，并注意自己的着装打扮、言行表现等，以使自己在异性心目中留下美好的印象。这些表现都在表达他们对异性的好感或爱慕。

爸爸也是过来人，是完全可以理解你的，一般来说，处于青春期的男孩常常会被周围女生的容貌或温柔文静的气质所吸引，有时他们会大胆地用传纸条、写书信、约会等方式与异性交往，有时会用开玩笑、嬉闹等方式获得与异性接触的愉悦的情感体验，这其实就是社会生活中普遍存在的一种"异性效应"。进入青春期的男孩，性生理上的急剧变化引起了其心理上的一系列微妙而复杂的反应，异性相吸的自然法则促使他们渴望与异性交往，并由此获得愉悦的情绪体验。这都是非常自然又正常的成长阶段，完全不用因此而紧张或者不安。

从成长的角度而言，青少年和异性交往是人格成熟的必经过程，到了某一年龄对异性产生兴趣也是极为自然的现象。然而有些刻板的学校或者教师往往严禁男女生交往，青少年没有机会学习两性相处之道，日后又岂能充分了解异性，维系良好的两性关系呢？于是，便造成了许多不懂异性，更无法拥有健康情感生活的成人。

　　爸爸希望你能明白：处于青春期的男孩对异性产生好奇、好感并想接近异性是正常现象，是性意识发展到一定阶段的必然表现。如果这种心理自然而正常地表现出来，男孩的性心理就容易得到健康的发展，而如果压抑或扭曲自己，则有可能会造成一定的心理障碍。当然，对于妈妈之前的要求，爸爸也是要负起这个责任的，爸爸希望你能够顺利度过这段异性好感期，所以爸爸要给你一点建议。

　　首先就是要大方自然地与女生交往。既然青春期的男孩对异性产生好感是一种正常现象，那就不要掩饰自己的这种心理，而是要大大方方地与女生接近，堂堂正正地与之交往。在与她们交往的过程中，你的言语、表情、行为举止、情感流露及所思所想都要努力做到自然、顺畅，既不过分夸张，也不闪烁其词。既不盲目冲动，也不矫揉造作。这种坦诚的正常交往对于双方的身心健康及学习生活都会产生良好的促进作用和影响。

　　其次就是与女生的交往过程中一定要注意分寸。与女

第四章 / 情窦初开：处理好和女孩的关系

生交往当然不能像与男生交往那样毫无顾忌。比如谈话中涉及两性之间的一些敏感话题时要回避、交往中的身体接触要有分寸、不能肆无忌惮地开玩笑等。特别是在与某一位异性的长期交往中，更要注意把握好双方关系的尺度。总之，这件事情在爸爸看来，只要保持自然健康的心态，掌握好分寸，大方坦然地与对方交往，就能够让你的青春期变得更加美好和轻松。

你这个年纪，是不应该开始恋爱的

孩子，今天你一从外面回来，就有些扭捏地对我说："爸爸，有一个女孩向我表白了。"我当时也起了兴趣，问道："是谁啊？"你红着脸说："就是欣欣啊！"喔！爸爸知道了，欣欣就是你经常提起的那个女孩子，文文静静的。于是我问你："那你喜欢她吗？"你不好意思地跟我说："嗯，喜欢！"答案在爸爸的预料之中，我沉默了一下，你看着我没有说话，就小心翼翼地看着我问："爸爸，你会嘲笑我吗？"我立刻就笑了："怎么会呢！欣欣是个很好的孩子啊，你喜欢她是理所当然的啊！"你好像放心了，然后轻轻地问我："爸爸，那我可不可以和她交往看看啊？"看得出来，你很希望爸爸支持你，希望可以开始一段美好的恋爱。可是孩子，爸爸现在想和你说的是，在你这个年纪，是不应该开始一段恋爱的。

孩子，首先谢谢你把爸爸当作朋友似的知无不言，这证明爸爸妈妈一直以来的教育方法并没有错，在你遇到事情时知道征询我们的意见，不像别的孩子，因为怕父母反对，就偷偷摸摸地按自己的想法去做了，这是让爸爸觉得很欣慰的地方。孩子，对于那些能够让你快乐的事情，爸爸一向都是抱着支持的态度，但是在结交女友这件事上，爸爸还是希望你能慎重地考虑一下。现在的你，还只是一个十几岁的孩子，像娇弱的树苗一样经不起什么风吹雨打。而你喜欢的女孩也只有十几岁，就像是一株含苞待放的花朵。你这棵小树还不够茁壮，庇护不了柔弱的小花，你们之间的那点爱情可能因为现实中的风吹雨打而失败，留下的只能是遗憾。

而且，孩子，现在的你，心智尚未成熟，价值观也尚

第四章 / 情窦初开：处理好和女孩的关系

未稳定，对于未来，还没办法做出很好的打算。孩子，或许这样说让你不高兴，但爸爸还是要郑而重之地告诉你，爱情不仅仅是简单的好感就可以，它更需要的是一份责任，需要付出很多，两个不成熟的、还在父母的庇佑下生活的孩子，哪里有能力去独立经营两个人的爱情呢？孩子，不管是来自你身边正在上演的实例，还是你从电视上看到的爱情，他们可能都会给你一种"恋爱＝浪漫"的感觉，但是仔细想想你就能发现，这种浪漫其实是需要有一定的经济基础的。两个人恋爱，肯定是要一起吃饭、逛街、看电影。或许你们不需AA制，但是在恋爱中的女孩子，每个人都会想要买些漂亮的衣服、化妆品以及做漂亮的发型，毕竟女为悦己者容嘛！孩子，你必须明白，这些都是要用钱去铺垫的啊！在你们一切还靠父母支持的情况下怎么可能去谈一场毫无负担的恋爱呢？而且现如今的你，正处在学习的黄金时期，如果在这方面投入了太多的精力和时间，那么自然而然的，你在学习上的精力和时间就会大大减少，成绩下滑也是必然的事。届时，家长的责备、老师的询问、竞争对手的幸灾乐祸都会让你对之前的行为感到后悔。尤其是当大学的录取通知书下来的那一刻，看着别人欢欢喜喜进入理想的大学，你难道不会后悔没有更努力一点吗？

也许你可以做得更好。所以孩子，在你还年轻的时候，要用你的智慧来调节自己的感情，不要让感情来左右你，纵使真的是有了感情，也该埋在心里，暂时珍藏，让它晚些开花结果，真正的感情是经得起考验的。等一等，为自己赢得走向成熟的时光，那时你就拥有了重新审视的机会，你也能做出正确的选择。

其实，爸爸年轻的时候也曾很喜欢一个女孩子，那个女孩很优秀，学习好，歌唱得好，长得也漂亮。爸爸只要一见到她心就忍不住怦怦乱跳，那时候真觉得最爱的就是她了。可是爸爸一个最好的朋友也喜欢那个女孩子，他也知道爸爸喜欢她，所以我们两个就约定，谁也不要告白，先把心情写进日记本中，等着那个女孩子来选，无论她选择了谁，我们的友谊都不会被影响。就这样，我们每天都把自己的暗恋心情写进日记本，可是慢慢地，爸爸发现自己的本中也开始记入了其他的女孩子，那个女孩就是你妈妈，这时爸爸才意识到，自己对那个女孩的感觉并不是爱，而是一种仰慕的情怀。因为当有更优秀的女孩出现时，爸爸的目光就转移了，爸爸的那个好朋友也偷偷告诉爸爸，他发现自己好像也不爱那个女孩子了，于是我们两个会心地笑了。

第四章 / 情窦初开：处理好和女孩的关系

所以，孩子，你看，那个年纪哪里懂得爱啊，我们只是对于优秀的一种羡慕，一种好感，只是恰好对方和我们不同性别而已。在你这个年纪，对女孩子好奇、有好感是很正常的，哪个少年不怀春呢？可是这个年纪的你并不具备懂得爱的情商和智商，你还分辨不出爱和好感的区别，所以孩子，在你还不能承担什么之前，不要把你们之间的关系定位。

网恋，就像是一朵悬崖上的花儿

有一样东西已经流行了很久，这就是上网。与上网几乎同时出现了一个词——"网恋"，伸向鼠标或者键盘的手指触摸到的，并非只是电脑，而是某种与过去不同的相处方式，这种方式充满了刺激，充满了新鲜感，使得你们这些正处在青春期的孩子乐此不疲地去探索，去尝试，爸爸知道，网恋正悄悄走进你们这些孩子的生活。

前段时间,爸爸看了一篇报道,本市记者陆续走访了市里的一些网吧,发现正沉溺于网络世界的十有八九是高中学生,而且一聊就长达数个小时。"我又失恋了,没有情人的日子怎么办?""为什么爱你越多,伤得越深?""一百次吻你!!!"如果不是记者亲眼所见,很难想象这些多与"爱情"相关的"烦恼""心声"是出自少男少女之口。某著名网站的虚拟社区管理员告诉记者,不少中学生常在网上聊一些很开放的话题。

网恋,恕爸爸生得晚,并没有经历过,所以对它做不出客观的评价。但爸爸多多少少知道一些相关信息。貌似网恋这个东西,一旦被坏人利用,就好像一个玫瑰式的陷阱,无情地吞噬着思想单纯、感情纯真的你们。

爸爸看过一篇相关报道,有个上初三的男孩子,父母都在外地经商,平时工作很忙,便把他寄宿在一个亲戚家,父母除了为他提供生活费之外,对他的成长和精神生活关心得都不够。他感到非常孤独,闲时就会跑去上网,结识了网友"悬崖上的花"。两个人聊得很投机,有一种一见钟情的感觉,使得本来对网络有着一丝警戒心理的男孩完全放松了警惕,男孩觉得找到了精神上的知音,不久

第四章 / 情窦初开：处理好和女孩的关系

两人就确立了恋爱关系，男孩的学习成绩由此受到很大影响。

"悬崖上的花"通过与男孩的网上交流，得知男孩家庭条件不错，便动不动以各种理由向男孩借钱，并承诺保证如数归还。男孩以为女朋友真的缺钱，每次都充满怜爱地多给她一两百块钱。交往了两个月后，男孩想要见面，但"悬崖上的花"始终不肯露面，不久就从网上突然消失了。于是，男孩每天在QQ上等，长时间上网，日渐憔悴，精神恍惚，目光呆滞，学习成绩落到了班级倒数，可是"悬崖上的花"灰色的头像却一直没有再亮过，男孩这时才警觉到自己上当受骗了⋯⋯

爸爸知道，情感表达是你这个年龄的孩子的一个重要需要，你们在网上涉及最多的话题就是爱情和友情，你们在网络世界里绝对不会感觉到孤独，甚至在这里，你们能够找到没有缺点和虚幻的恋人，这种纯真的、柏拉图式的爱情童话能够满足你们内心深处对浪漫爱情和友情的渴求，也可以慰藉内心深处来自青春的孤寂。但网络毕竟是虚幻的，单从新闻媒体披露的因网络而起的社会事件中不难看出，网络使用者的年龄、层次极为复杂，因此，网络极易被别有用心的人作为行邪作恶的工具。

对于几乎毫无自制力、辨别是非能力不强的你们来说,过多地接触网络以及网恋的危害性更大,这会使你们这些孩子产生内向、孤僻的性格,做事情急躁、冲动,对网恋寄予厚望。网络以感性的虚幻世界蒙蔽你们的理性思维,使你们这些孩子无法经受现实生活的挫折、打击。如果你们沉迷于网恋而遭到打击,势必会产生不良情绪,进而影响到自己的学习与生活。

所以,爸爸不赞同你网恋,起码在这个阶段,爸爸不允许你做这种尝试,如果将来你长大了,网恋了,爸爸绝不会干涉,但还是希望你能够保持起码的警觉。

果实没熟,就不要急着去吃

儿子,转眼间,你已经从一个小男孩成长为英姿飒爽的少年了,无论从生理上还是心理上,你都面临着一个人

第四章 / 情窦初开：处理好和女孩的关系

生中相当重要的阶段：青春期。在这个阶段，你会经历前所未有的身体变化，也会承受前所未有的心理转变。对于你将来的成长，这个阶段无疑有着非常重要的作用，因此爸爸希望能够帮助你共同度过这一特殊的时期，为你的未来成长打下更加坚实的基础。

在这个阶段，你的身体进入快速发育期。一方面，睾丸激素使得男孩的第二性征出现并越发明显，同时也在影响着男孩的情绪和处事方式。而心理上，你的思想也开始朝着复杂化的方向发展，这个阶段的男孩开始具备分析自己和周围世界的能力，你经常会思考自己的感觉，审视生活中的事件对自己意味着什么，同时还能看清发生在身边的矛盾和对立。而且这个阶段的男孩会格外喜欢体育运动，以帮助你把因为激素变化而引起的躁动不安释放出去。

更进一步的心理研究表明，在青春初期，十多岁的青少年开始主动与家庭以外的人建立关系。如果他们不能获得建立友谊所需要的社交能力，便会日渐孤立。这种能力是可以通过同伴之间的相互学习去获取的。对于男孩子来说，他们的友谊通常是在同性伙伴之间存在的。这个阶段，男孩子的朋友比女孩子的要多，而且，与其说他们相信自己,不如说他们更多的是相信自己结交朋友的能力。男孩子比较关心竞争性的奋斗,关心自己在别的男孩子心目中的形象;而女孩子,则即使在与最要好的朋友的交往中,也常存在忌妒的情感。

男孩身体的变化以及伴随的情绪波动会让你感到困惑,伴随而来的就是孤立感。所以很多男孩只要是醒着,就不停地活动,哪怕是身体不动,耳朵也要听着动感的音乐。其实这是男孩在尽力回避那种痛苦的孤立感,不过对你来说,适当地安静和思考也是必要的,这可以帮助男孩厘清自己的思路。伴随着你思想上的这些变化,爸爸同时要面临另外一个问题,有一句至理名言是这样说的:没有秘密的孩子永远长不大。所以很多时候,爸爸都尽量克制自己不去追问你生活中的点点滴滴,更要劝说你的妈妈不要总是疑神疑鬼,因为在这个阶段要允许你拥有秘密和隐私,这是你成长中需要的权利。

不过这些秘密和隐私中有一个问题是可以例外的,那就是你对于异性的关注和好奇心。爸爸从来都是谨慎地跟你交流这个话题,因为首先要肯定你喜欢异性是正常的,这是人之常情,但是爸爸希望你能够建立起健康、正确的爱情观,而不是滥用这些好奇心。因为爸爸

第四章 / 情窦初开：处理好和女孩的关系

发现，这个时期的你心里开始有自己喜欢的女孩子，为了取悦女孩，你开始注意打扮自己，并时不时地在女孩面前耍点酷。有些家长可能会紧张这些事情，但是爸爸不会，从过来人的角度，爸爸希望你能先听完下面这个小故事。

说的是有一个农夫在地里种下了两粒种子，很快它们变成了两棵同样大小的树苗。第一棵树开始下决心长成一棵参天大树，所以它拼命地从地下汲取养料，储备起来，滋润每一枝树干，盘算着怎样向上生长，完善自身。由于这个原因，在最初的几年，它并没有结果实，这让农夫很恼火。相反，另一棵树也拼命地从地下汲取养料，打算早点开花结果，它做到了这一点。这使农夫很欣赏它，并经常浇灌它。时光飞逝，那棵久不开花的大树由于身强体壮、养分充足，终于结出了又大又甜的果实。而那棵过早开花的树却由于还未成熟时便承担起了开花结果的任务，所以结出的果实苦涩难吃，并不讨人喜欢，相反却因此而累弯了腰。老果农诧异地叹了口气，终于用斧头将它砍倒，用火烧了。

这个故事是要告诉人们，过早去追求某些东西的结果只会导致最终的失败，所以我们不妨放远眼光，注重自身的成长和知识的积累，厚积薄发，许多事情在合适的时候自然会水到渠成。

爸爸希望你能够记住这个小故事，在很多事情上，不要因为自己的好奇心而去过早探索。站在男孩的角度看问题，爸爸也是从青春期过来的，回忆自己当时的真实想法和困惑，爸爸会更加理解青春期的你有同样的行为和想法。这也许是男孩子在成长路上的一个小插曲，理解和包容是给男孩最好的礼物。爸爸希望能找一个机会和你分享自己年轻时候的故事，并且试着去培养一个共同的爱好，建立一个沟通的平台，从而能及时发现你遇到的问题和困惑，适时地给你以正确的引导和帮助，让你不至于因为好奇心而做出一些错误的举动。

第四章 / 情窦初开：处理好和女孩的关系

在暗恋中抽身而不是越陷越深

朱丽叶遇到罗密欧的那一年，只有14岁，像初次绽放的红玫瑰，用尽短暂的一生。

高文那一年也只有14岁，刚刚上初二，品学兼优。谁也没想到，那一天他突然失踪了。几天后，人们在河里发现了他的尸体，警方经过细致排查，最终认定，高文是自杀的。悲痛万分的父母发现了他的遗书，那上面写道：我再也不想在学校里待下去了，这种环境让我很压抑，我很痛苦。我去了一个没有痛苦的地方，爸爸妈妈，请不要找我……

究竟是什么样的环境令一个花样少年放弃了生的希望，以死解脱？

高文的父母悲愤不已，一纸诉状将学校告上了法庭。状告学校给学生的压力过大，虐待学生，致使其走上绝路。

而校方坚决不认同：高文是个好学生，我们平时对他很照顾，从没虐待过他。

正在双方争执不下之际，新的证据出现了，有同学说，看到高文出事之前，曾在英语老师的宿舍门前多次徘徊。英语老师是刚刚毕业的单身女青年，很漂亮，对英语成绩突出的高文很青睐。

父母在收拾遗物时，又在高文床底的隐蔽处找到了一本日记，高文在自杀前留下了如下记录：

我竟然爱上了她，这是不被允许的、没有出路的爱情，可我已深陷其中无法自拔。我很痛苦，很绝望，我不能跟别人说。

他们是不是已经知道了，我觉得所有人都在用异样的眼光看我，我还有什么脸面在这个世界上活下去？

就这样，高文在对老师暗恋的痛苦中，在害怕同学知情的恐惧中，一步一步走上了绝路。

别误会，儿子，爸爸不是在写小说，这是多年前发生在爸爸身边的故事，是爸爸读书的那所中学发生的一件令人惋惜的事情。

第四章 / 情窦初开：处理好和女孩的关系

　　为什么今天爸爸要把它翻出来说呢？这其实只是出于为人父母的一点隐忧，毕竟你处在一个懵懂的年龄，单恋这种事情在你们这个年龄比较容易出现。而你们这些青春期孩子往往碍于社会环境和心理压力，对自己内心深处的感情和暗恋很难启齿。这种心理上的闭锁只能加深你们的苦恼，所以很容易产生心理障碍和心态失衡，引发情感失控、精神萎靡、注意力分散、思维迟钝、意志消沉等现象，给正常的工作、学习、生活和身心健康造成很大的影响。严重的人还会丧失理智，做出一些无法挽回的错事。

　　爸爸今天给你讲这个事情，算是防患于未然吧。

　　其实，暗恋多是一场情感的误会，是你们青少年爱情错觉的产物。暗恋起源于自己先爱上了对方，于是也希望得到对方的爱，在这种具有弥散作用的心理支配下，就会把对方的亲切和蔼、热情大方当作爱的表示，并执着地相信这是事实，从而陷入暗恋的深渊，不能自拔。

　　爸爸希望你能够避免这种恋爱错觉，学会反复、准确地观察和分析对方表情，用心明辨。如有个女同学经常帮助你，如果这个女生是个热心肠，对谁都乐于帮助，那么你就不要胡思乱想。

　　将来你长大了，上了大学，如果发生了暗恋这种事情，爸爸也希望你拿出十足的勇气，克服羞怯心理和自我安慰心理的折磨，勇敢地去面对。既不要人为地夸大这种爱，也不要自卑地逃避自己的感觉。

　　当然，爸爸更希望你把注意力集中到学习上去，多参加集体活动，充实自己的生活内容。如果突然产生了这种朦胧的情愫，那么就设法转移情感的注意力。用坚强的意志克制自己情感的流露。对自己爱慕的同学，也像对其他同学一样，落落大方，一视同仁。时间长了，这种感情就会逐渐消失或者淡化。

第五章

拜拜阴霾：
与青春期心理问题做个和解

　　儿子，现在的你与少年后期相接，与青年初期相连，是向成年期过渡的时期。爸爸知道，这个时候的你在身心发育和社会成熟方面有一些初步的交叉，难免造成心理发展的不平衡。爸爸还知道，这种过渡往往带着种种矛盾和冲突，总是分裂的，不调和的，所以，你多少会存在一些心理问题。那么，让爸爸做个协调者，帮你与它们和解，可好？

别怕压力,把它当成动力吧

"这个体育老师太变态了,制定目标的时候简直是在虐待我们!"爸爸听到这样的抱怨从你口中发出,也禁不住哑然失笑,因为爸爸想起了自己曾经在办公室发过类似的牢骚,简直连语气都一模一样!但是这么多年的人生阅历告诉爸爸,有时候承受这样的压力,对于你的成长和发展而言其实是一件好事。爸爸希望你在抱怨之余能够明白这个道理。压力,如果用正确的方法去处理,是可以转化为动力的,它可以把许多不可能的东西变为可能,也可以让你发现自己不曾爆发过的潜力。总而言之,儿子,不要惧怕压力,压力可以让你更清楚地认识自己,学会承受压力,是你人生的必经之路。

儿子,爸爸当年刚步入社会的时候,在工作中也曾有过你这样的心态。那时我的一个上司对工作要求很高,有的时候甚至近乎苛刻,于是总使我感到压力大而且不满,

第五章 / 拜拜阴霾：与青春期心理问题做个和解

不免发几句牢骚。当时年轻，总觉得凡事差不多就行了，干吗较真儿、认死理儿，非跟自己过不去呢？当时，每当见到我们面对工作压力不理解、不满意的时候，这位上司总是把一句话挂在嘴边："井无压力不出油，人无压力轻飘飘。"用这样通俗易懂的话为我们阐明道理，激励我们的工作热情。

后来，随着年龄的增长和人生阅历的增加，我对这句话才有了更加深刻的理解与体会。压力与动力确实是一对兄弟，相辅相成、互为作用。压力是坏事，也是好事，这要看从什么角度去看、去分析。面对压力的态度很重要，甚至决定一个人的人生。人正是因为有了压力，才更加有紧迫感、危机感、使命感，才更加清晰自己的目标，才更加明确自己的定位，才更加清楚自己的差距。于是化压力为动力，向着更高更美的人生理想挺进。

关于压力，第二次世界大战时有一个有趣的小故事。

当时美国空军和降落伞制造商之间达成供货协议，但降落伞的安全性能不够。在厂商的努力下，合格率已经提升到99.9%，仍然还差一点点。军方要求产品的合格率必须达到100%，对此，厂商不以为然。他们认为，没有必要再改进，能够达到这个程度已接近完美了。他们一再强调，任何产品也不可能达到绝对100%的合格，除非出现奇迹。我们不妨算笔账：99.9%的合格率，就意味着每1000个伞兵中会有一个人因为跳伞而送命，军方当然不愿意自己的士兵白白牺牲性命。后来，军方改变检查质量的方法，决定从厂商前一周交货的降落伞中随机挑出一个，让厂商负责人装备上身后，亲自从飞机上跳下。这个方法实施后，奇迹出现了：不合格率立刻变成了零。

这个小故事表明，在有压力的情况下，很多曾经认为无法实现的目标会实现。无独有偶，曾经有专家做过专门的调查研究，当一个人定出目标时，他最终达成的结果不会距离所设定的目标10%。举例来说，假设你的语文考试的目标是90分，那么最终你能考取的成绩大约是在82分至98分之间。

曾经有一个音乐学院请来一位教授，他在几周的授课里，分别给学生们难度越来越大的乐谱，学生们每周都很难完成教授布置的功课，只好硬着头皮坚持练习，这样的情况还在继续，同学们也被弄得没有学习兴趣了，觉得这样下去怎么能学会音乐呢，对教授的教学方法也产生了怀疑。

第五章 / 拜拜阴霾：与青春期心理问题做个和解

终于有一天，当教授发难度更高的乐谱给学生时，一个学生忍不住质问教授。教授拿出最早的那份乐谱，并让这个学生弹奏一遍。奇怪的事情发生了，这个学生居然把这首曲子弹得很美妙动人。学生们都不敢相信眼前发生的事是真的。教授又拿出第二周的乐谱让学生弹，学生仍然弹得不错。学生们都疑惑地望着教授，不解其中的道理。教授说，我不断提高乐谱的难度，是为了让你们在压力之下把最擅长的表现出来，因为压力，你们会更容易获得提高。

听完这个音乐教授说的话，我又想起了"井无压力不出油，人无压力轻飘飘"这句话，其实压力是每个人的生命中都会遇到的人生常态，你不能回避，也不能逃避。无论你承认与否，压力就在我们面前，它让你无处躲闪，无处藏身。压力面前采取什么态度，关系到一个人的人生哲学与人生的价值。那些勇于面对压力、善于把压力化为动力的人，通常是人生异常丰满、乐观旷达、积极向上、充分体会到生命意义的人；反之，那些逃避现实、推诿困难、不敢直面压力的人，一般是悲观厌世、行为消极、拈轻怕重、不思进取的人。他们的人生必将干瘪黯淡，他们的生命必将缺乏光彩。

脾气也长大了,你要学会控制它

在你那天发脾气摔坏心爱的遥控直升机之前,爸爸并没有意识到,随着时光流逝,你成长的不仅仅是个头和身体,还有你的脾气。爸爸之前从来没有认真思考过这个问题,事后我想,也许爸爸也有不对的地方,爸爸不希望你将来成为一个脾气暴躁动辄摔东西的人,但是却没有想到这么早去面对这个问题。有哲人说过:把脾气发泄出来是本性,把脾气压下去是本事。爸爸希望你成为一个有本事的人,所以即便是在孩童时期,你也要通过学习和努力去了解并控制自己的情绪,在这个过程中,爸爸会尽最大的努力去帮助你。

我们知道,愤怒是由于目的和愿望不能达到或一再被妨碍,逐渐累积而成的。挫折如果是由于不合理的原因或被人恶意造成时,最容易产生愤怒。愤怒,在现代心理学

第五章／拜拜阴霾：与青春期心理问题做个和解

中，与快乐、悲哀、恐惧等并称为人类基本的原始情绪。人人都具有喜怒哀惧之情，人人都可能产生愤怒。

对于男孩子来说，他们对家长、老师不满意，或者自己的心情不好时，就会大声喊叫、发脾气，甚至砸东西。这时，如果家长训斥他，孩子发怒的劲头往往会越来越大。这个现象想必很多家长都有体会，男孩在2~5岁这一阶段，易怒的特征会越来越明显。这时，家长不可对孩子的这种行为进行强行压制，否则很可能会破坏孩子一生的性格。事实上，由于体内睾丸素的作用，男孩比女孩更容易愤怒，更需要发泄。而男孩不会像女孩一样，能用语言表达出"我生气了""我很难过"等情绪，他们往往更愿意用身体来表达自己的愤怒。因此，摔东西对男孩来说是很正常的行为，他们高兴时、愤怒时，都会用周围的东西来发泄自己的情绪，而且男孩在非常高兴的时候偶尔也会出现这种行为。这是小男子汉成长过程中的正常现象，这些异常行为都是他们体内的睾丸素在"捣鬼"。

儿子，那次你的数学成绩没有及格，回家之后，你就把自己关在屋里，用拳头狠狠地击墙，你的手为此也受了伤。后来，爸爸给你做了一个沙袋，于是以后你在不高兴的时候，就会把自己想象成一个出色的拳击手，用沙袋来发泄自己的情绪。这种做法其实是爸爸结合自身的经验想出来的，是一个一举两得的好办法，给你一个沙袋，既能防止你受伤，又能使你的不良情绪顺利发泄出来。当然，条件不允许的家长可以为孩子准备一个沙发垫、枕头等，让他捶打，发泄情绪。当然，仅仅让孩子发泄情绪并不是教育孩子的最终目的，当孩子的情绪稍微稳定后，家长应告诉他，什么才是更好的表达方式；并告诉你的小男子汉，他有能力、有责任也有时间去调整自己的情绪。

我们都知道，在日常生活中，有的人比较冷静，能够控制自己的感情，而有的人则性情急躁，易情绪激动，易动感情。易激动的人，情绪很容易被激发起来，并且具有突发性和冲动性等特点，对行为的后果往往不加考虑。也就是说，易激动的人很容易产生愤怒情绪，一旦愤怒起来，更加急躁，更易激动，如此会产生恶性循环。爸爸最不希望看到的就是你因为愤怒而失去理智，做一些伤害别人和自己的事情，因此，你一定要意识到失去控制的脾气对于男孩子来说是多么可怕的一件事情。

儿子，那天爸爸给你讲了这些之后，你跟我说："那我

第五章 / 拜拜阴霾：与青春期心理问题做个和解

愤怒的时候压制住，不就好了吗？"这样的想法并不正确，仅仅简单地压抑愤怒同样危险。专家指出，长期压抑自己的愤怒情绪很有可能患上抑郁症。因此，使用一些技巧控制愤怒是很有必要的，爸爸希望你能够记住以下这些有利于克制脾气的方法，在你今后的人生道路上，很多时候你都需要它们。

在遇到让你愤怒的事情时，首先在脑袋里想象愉快的场景或事情。闭上眼睛，回忆过去一次愉快的经历，像美丽的溪水、宽广的跑道。或是回味一下跟父母做游戏的美好时光。研究发现，愉快的感觉能重新调整内部的生理时钟，获得短暂而直接的休息。然后，配合一定的呼吸频率，放慢呼吸节奏，一吸一呼，一呼一吸，慢慢地吸气，慢慢地呼气，直至感觉身心完全松弛。每天花几分钟时间练习，既可以减轻压力感，遇到激动的时候也可以派上用场。

第二点就是爸爸建议你写发脾气日记。写发脾气日记，记下时间、地点、事件，持之以恒，既可以起到督促检查自己的作用，又可以在日后以平静的心态分析事情始末。

第三点是学会把自己当成对方，因为每个人都有权利根据自己的选择来行事，花几分钟想想你的感觉和对方的感觉。然后再想想，如果我是对方，我会说同样的话、做同样的事吗？如果会，大可不必这么气，试着从对方的角度看事情，设身处地地去考虑问题。

还有一点就是，当你遇到某些让你抓狂的难题时，也需要顺其自然。有些问题根本无法解决，因此你必须让它们按自身的方式发展。试试下面的小窍门：把你关心的事情写在一张纸上，将这张纸揉碎，扔进废纸篓里；或者想象麻烦事情就像洗澡时身上的肥皂泡沫顺着身体盘旋流走。情感会受到你想法的影响，因此，如果你设想烦恼消失了，你就会感到豁然开朗，愤怒也会随之一扫而光。

你无法改变的，就学着适应

升入重点中学之后，你不止一次地跟爸爸抱怨班级的气氛没有从前好了，重点中学特有的竞争气氛让你紧张得喘不过气来。爸爸当然知道你的感受，但是这是你人生必

须要经历的阶段。人是要成长的,在成长的过程中难免会经历许多困境和挫折,不少人在挫折和逆境中败下阵来,甚至从此意志消沉、一蹶不振。这其实都是因为不肯面对身边改变的环境、不肯改变自己导致的。而那些在困境中积极改变自己、努力去适应环境的人们,很快又会快乐起来。许多时候,我们所经历的困境和挫折不是我们的能力所能掌控和改变的,在这些时候,就需要用智慧去选择如何改变自己,这样的选择有利于我们更快地适应生活,适应这个社会。

爸爸先给你讲一个小故事吧。

有一只鸽子在回家的路上看到一只乌鸦飞得很辛苦,就关心地问:"你要飞到哪里去?"乌鸦愤愤不平地说:"其实我不想离开,可是这个地方的居民都嫌我的叫声不好听,所以我想飞到别的地方去。"鸽子好心地告诉乌鸦:"如果你不改变你的声音,飞到哪里都不会受到欢迎的。"

故事虽小,却也蕴含着一定的处世哲理。现实生活中,有许多人由于不够了解自己,总是在遭遇挫折的时候抱怨这个、抱怨那个,抱怨环境艰难,殊不知这样的抱怨在别人眼中也许就变成了眼高手低的牢骚。爸爸在工作中就见过这样的人，他们耗费大量的时间和精力希望能找一份其实自己心中都不明确的理想工作。最后由于种种现实问题，对自己的工作并不满意，于是就三心二意，整天到处找原因为自己开脱：比如从出身开始埋怨，怪父母无能、怪亲戚无力、怪朋友无义、怪公司无情、怪政府不公、怪社会残酷。然而他们却从不进行自身的检讨或提高。而这种对大环境的抱怨其实根本无法改变什么，还会让自己白白丧失很多机会和时间成本。

凭借自己的努力改变自己所处的环境，想必是不少人都曾经有过的梦想。你一定见过这样的情形：日常生活中，我们常常会抱怨周围的卫生环境太差了，但是许多人前边刚抱怨完，后边就又把手里的废纸随手一丢，还会给自己找一个冠冕堂皇的安慰理由：反正已经脏成这样了，也不多一张废纸。其实，正是因为大多数人和你抱着同样的想法，才造成了环境不卫生的现状，如果我们每个人都从改变自己做起，卫生环境问题就是一个很小的问题了。很多时候，面对一个大环境，作为其中的个体，我们也许并没有能力去改变它，但是我们完全可以改变自己，从自身做起。

第五章 / 拜拜阴霾：与青春期心理问题做个和解

张丽大学毕业时，由于种种原因，最终她找到的单位并不是她理想中的那种，是一个小镇上的小学校，不仅条件差，薪水也远远低于她的心理预期。其实，张丽原本在学校表现很优秀，曾经在文学期刊上发表过许多作品。现在由于工作不如意，她表现平平，连原本热爱的写作也荒废了，整个人似乎都丧失了斗志。

有一天，学校开运动会，附近的村民也都来看热闹，学校小小的操场被围得水泄不通。张丽来晚了，站在人群后面，怎么努力也看不到里面热闹的情景。这时，跑来一个小男孩，因为个头矮，更是看不到了，看着他急得团团转，张丽忍不住想笑，可是过了一会儿，这个小男孩开始一趟趟地从远处搬来砖头，然后小心地垒起来，一层又一层，足足垒了半米多高，之后小男孩小心地爬上去，喜滋滋地看起运动会来。

张丽一下子似乎想到了什么，自己跟小男孩的处境一样，却没有像小男孩那样积极地去改变现状，人山人海的操场肯定是没法改变了，但这个小男孩却懂得借助一些小东西，改变自己的高度，最终如愿地看到了比赛。而自己一年来却一直在抱怨工作环境，从来都不曾想到改变自己，张丽忽然觉得很惭愧，她觉得要做些什么了。从此以后，张丽把自己的工作激情充分调动起来，业余时间结合教学经验编辑的各类教材接连出版，得到了许多令人羡慕的荣誉，又过了一年之后，她被教育系统调到一所小有名气的中专类学校任职。

也许看过这个故事，许多人就会发现，原来自己也是在操场人群外盲目徘徊的那个人，生活不如意，工作不满意，却不曾像那个小男孩一样去从自身的改变做起。我们必须明白：当我们没有能力去改变环境的时候，尤其是环境不利于我们的时候就改变自己。一个人要想改变世界，是一件很难的事情，而改变自己则容易得多。与其改变全世界，不如先改变自己。而且我们会发现，当你改变了自己，你眼中的世界自然也就跟着改变了。所以，如果你希望去改变所处的环境，那么首先必须改变的就是自己。

第五章 / 拜拜阴霾：与青春期心理问题做个和解

把心态翻转到好的一面

儿子，前些日子你突然跟爸爸说：如果将来考不上好的大学怎么办？也许你是无心之问，也许你是真的忧虑这个问题，但不管怎样，爸爸确实发现你的快乐在随着学业压力的增加变得越来越少了。其实，未来永远是不可知的，但是爸爸知道，不管未来如何，只要你能拥有一份乐观向上的好心态，那么未来必然会是美好的。很多事情的发展是不以人的意志为转移的，我们要做的就是调整自己的心态，用乐观向上的积极心态去应对、去处理，做到了这一点，你才会真正快乐起来。

卡耐基曾经说过："成功的主要方法之一，就是每天保持对生活的乐趣，对生命充满热情。"对生命充满热情是乐观心态的重要表现，如果没有热情，那他在一生中就很难获得成功。如果没有足够的热情来支持，任何人都不可能取得事业的成功，即使这个人才智过人、聪明绝顶也是枉然。热情是人生的一笔资源、一笔财富，任何一个人，只要找到了对生命的热情，他就向成功迈进了一大步。历史上那些取得非凡成就的人就是那些对生命充满热情的乐观者，对生命充满热情使得他们能够从奋斗和拼搏中体验到别人体验不到的快乐，当别人在为工作苦恼时，他们却在享受工作中的种种甜蜜和快乐，因此他们比别人更容易获得工作的进步和事业的成功。

假如一个人长期处于压抑、焦虑、消极甚至对立的心态之下，纵使他的先天条件再优越，奋斗之路上获得的帮助再多，也不可能取得很好的成就；反之，如果一个人有着好的心态，那么，他必然会拥有良好的心理状态、和谐的人际关系、乐观向上的精神因素，因而他就会对自己的奋斗充满信心，从而充分发挥自己的自觉性、主动性、创造性，利用每一分内在的潜力，最终取得非凡的成就。既然心态对我们至关重要，它决定着我们一生的命运，那么我们应该怎样历练、完善它，使其不断指引我们走向成功呢？

有这样一个故事：

古时，有一个进京赶考的书生投宿在京城旅店，在考

第五章 / 拜拜阴霾：与青春期心理问题做个和解

试前几天，他做了三个梦：一个是自己在墙上种白菜；另一个是下雨天穿蓑衣、打伞；还有一个是梦到与心爱的姑娘在一起同床共寝，但是背靠背，谁也没理谁，一夜无故事。古人都很重视梦与征兆之间的关系，这个书生也认为三个梦寓意深刻，就去找城里的算命先生解梦。算命先生听了，对书生说："你回家吧！你想一想，墙上种白菜，寓意着白费劲；穿着蓑衣又打伞，不是多此一举吗？跟意中人同床共眠，却是背靠背，就是说你好事难成，是在白费劲。"书生万念俱灰，回到店中，收拾行李准备打道回府，店老板惊诧地问："不是明天才考试吗，怎么现在就走？"书生把经过向店老板说了，老板说："原来如此，别回去了，我会解梦。我认为你一定要参加考试。你想想，墙上种白菜，不是高种（中）吗？穿蓑衣打伞，不是有备无患双保险吗？与心爱的人向背而眠，不是翻身可得吗？"书生一听，感到有理，顿时精神振奋，就参加了考试，结果金榜题名。

我们不妨试想，如果书生听了算命先生的话，肯定是心灰意冷地早早回家，十年寒窗付诸流水。然而同样是那三个梦，解法不同，造就的心态就不同，采取的行动自然也会不同,最终就导致了截然不同的结果。就像那个半杯水的典故,积极心态的人看到的是拥有半杯水,很幸运还有半杯水可以喝;而消极心态的人看到的却是半个空杯,潜意识中甚至忽略了自己拥有的那半杯水。再比如,一个黑板上,中心点一个白点,有的人看到的是整个黑板,有人看到的却是一个白点。所以说,心态决定了心理暗示的角度,心理暗示决定行为,而行为决定结果。很多时候,事情的不同结果其实只源于我们不同心态所造成的不同心理暗示。

爸爸希望你能够学会用乐观的态度对待人生,乐观地接受人生历程中遇到的挑战和麻烦。这对于一个人的为人处世至关重要。古人云:"人生在世,不如意之事十有八九。"在我们的日常生活中,常常会遇到各种麻烦和困扰,比如:工作待遇处理不公平、经济条件不宽裕、健康出现问题、期望中的事情落空、好心却未得好报、替别人背黑锅,等等。遇到这样的事情,如能保持积极心态,就不会钻牛角尖想不开,心胸也就必然会豁达起来,自然能够妥善对待、处理好这些事情。

第五章 / 拜拜阴霾：与青春期心理问题做个和解

忘记挫折，相信自己

因为一次疏忽大意，你的语文成绩输给了班里另外一个跟你竞争已久的同学，作为语文课代表，你对此耿耿于怀了很久，很多天之后，你仍然在为自己的疏忽愤懑不已。爸爸觉得你似乎过于看重某些东西了，像这样一次小小的失败和挫折，应该很快就会淡忘的，然而你却始终念念不忘，这样的心态对于你将来的成长而言是没有任何好处的。如果你始终困在上一次失败的阴影中无法走出，就无法用全部的力量去面对下一次挑战，甚至会失去勇气，在前进的道路上止步不前。爸爸希望你能够正视挫折、正视过去，无论是成功还是挫折，都要尽快去忘记，然后开始新的人生征程。

人的一生从来不会一帆风顺，漫漫人生路，苦乐相掺，悲喜相伴，挫折坎坷往往比平坦更多。挫折会伴随每个人的一生，成为他们人生的一部分。如果一个人从小不经历一些挫折，他们长大后可能就难以适应复杂多变的社会。从小学会抵抗挫折，就会成为一个在人生路上不断前行的勇者。所以儿子，爸爸希望你能认识挫折，正确对待挫折，从而战胜挫折。我们不妨看看历史上古今中外那些有所建树的人，无一不是在挫折面前经受住了考验，从而铸造了一个不平凡的人生。每个人就是在不断地认识挫折、战胜挫折的过程中成长和发展的，只有深刻地认识到这一点，才能够勇敢地面对挫折、应对挫折、战胜挫折。如果不能正确地看待挫折，就会在挫折面前止步不前、怨天尤人，结果终将一事无成。

曾经有智者总结过：一个障碍，就是一个新的已知条件，只要愿意，任何一个障碍都会成为一个超越自我的契机。人生正是因为经历了无数的挫折，才变得缤纷多彩、丰富充实。挫折从不以人的意志为转移，不管喜欢不喜欢，乐意不乐意，挫折都会不期而至。明白挫折是生活的一部分，学会正确地看待挫折，我们才能更快地成长、成熟，将来才会更好地把握自己的人生。

有这样一个关于挫折的小故事：

有一天，素有森林之王之称的狮子来到了上帝面前，祈求上帝满足它的一个愿望："无论我多威猛，每天鸡鸣的

第五章 / 拜拜阴霾：与青春期心理问题做个和解

时候，我总是会被鸡鸣给吓醒，神啊！祈求您，再赐给我一个力量，让我不再被鸡鸣给吓醒吧！"

上帝笑道："你去找大象吧，它会给你一个满意的答复的。"

狮子急忙跑到湖边找大象，离老远就听到大象在砰砰猛跺它的大脚。

狮子问大象："你干吗发这么大的脾气？"

大象拼命摇晃着大耳朵，吼着："有只讨厌的小蚊子总想钻进我的耳朵里，害得我都快痒死了。"

狮子离开了大象，心里暗自想着：原来体型这么巨大的大象还会怕那么瘦小的蚊子，那我还有什么好抱怨的呢？毕竟鸡鸣也不过一天一次，而蚊子却是无时无刻地骚扰着大象。这样想来，我可比它幸运多了。狮子一边走，一边回头看着仍在跺脚的大象，心想：上帝要我来看看大象的情况，应该就是想告诉我，谁都会遇上麻烦事，而他并无法帮助所有人。既然如此，那我只好靠自己了！反正以后只要鸡鸣时，我就当作鸡是在提醒我该起床了，这样说来，鸡鸣声对我来说还是一件好事呢。

同样的道理，在人生的路上，无论我们走得多么顺利，但只要稍微遇上一些挫折，很多人就会习惯性地认为需要别人的帮助才能让自己渡过难关，但实际上，老天是最公平的，就像它对狮子和大象一样，每个困境都有其存在的正面价值，都会给你带来成长的机遇和动力，只要有了正确的应对态度，很多挫折其实对我们而言是一种帮助。而且那些人为因素造成的挫折是可以避免的。如接连出现的有学生因为学习成绩不理想、人际关系不良等产生的厌学甚至跳楼自杀现象，就是因为他们不能正确地认识挫折而导致的。

　　我们其实可以把挫折看作一种挑战，它会通过不同的途径去磨炼你的意志，而每个人选择面对挫折的方式也是不尽相同的，有的人放弃挑战，不必为受到挫折而难过，也不必付出巨大的努力，而有的人会迎接挑战，毫不畏惧，从而激励自己，勇往直前，为此付出了辛勤的努力，最终会有自己的收获。试想，不经历风雨又怎能见彩虹呢？而不经历挫折又怎么会前进呢？人就是在一次次地挫折中挑战了自我、跨越了障碍，从而发挥了自身的潜能。经历了挫折，从中提高了能力，也就有了今后战胜困难的信心。

第六章

有情有爱：
珍惜并感恩你身边的人和事

　　孩子，我们生活在这个世界上，时刻都在接受着各种恩赐：父母的养育、师长的教诲、朋友的友善、大自然的慷慨赐予……对于这些恩惠，你不要把它当作理所当然，因为，没有人有义务平白无故对你好。爸爸希望你能明白，这世间所有的美好关系都源于彼此的协助与馈赠，所以，请珍惜你身边的人和事，并以感恩的心对待他们。

孩子你记住，品德永远比分数更重要

儿子，今天爸爸想跟你谈的是品德。如今的教育环境，让"分数"这个词成了大多数老师、学生甚至家长头上的魔咒，所有的一切似乎都要围绕着分数来打转。不知不觉，这种思维对你的影响已经相当深了，你想要某样东西的时候，你会说："我上次某某课都考了多少分了，你快给我买吧。"不想做家务的时候，你会说："我都考了多少分了，学习已经很辛苦了，家务我就不做了。"这样的言论在家里出现的概率越来越高。爸爸听在耳朵里，急在心里。教育大环境的畸形，爸爸没有能力去改变，但是爸爸一定要给你树立正确的人生观和价值观。要知道，分数不是一切，一个人所拥有的知识远没有他所具备的品德重要，所谓"德才兼备"，"德"始终排在"才"的前面。

爸爸首先要给你解释"分数"与"品德"之间的关系。分数其实代表的就是一个人所拥有的才华，包括理论知识、

第六章 / 有情有爱：珍惜并感恩你身边的人和事

管理科学知识、本职专业知识、综合分析问题、解决问题的能力，以及实际工作中的谋划能力、决断能力、指挥协调能力和创新能力等。通常人们所说的人才则是指那些在社会的各行各业中具有一定专门知识，具有解决实际问题的能力，并在改造自然和社会中对人类的物质文明和精神文明有能力做出某种较大贡献的人。人们在赞扬一个人的时候，经常会用到"德才兼备"这个形容词，说明完美的人才是同时具有很高的品德素养和才华的。

而品德可以看作那些社会为了调整人们之间的及个人和社会之间的关系所提倡的行为规范的总和。它通过社会舆论、教育以及人与人之间关系中潜移默化的传承，让人们在内心建立起荣辱、善恶、正义与非正义等概念，并且形成长期的习惯和传统，从而指导和制约人们的行为。品德和法律不同，它不具有强制性。品德本身具有一种自律和内化的行为，是以必要的个人利益的节制和牺牲为前提条件的。

很多时候，人们把个人的品德水平的提高寄希望于学识的增长上，所谓"知书达礼"的说法便是例证。"知书"真能"达礼"吗？"人才"二字对许多人产生了误导。人们总是喜欢有才的人，而疏忽了有德之人。其实，这也是人之常情。不妨想想，不少有才的人口齿伶俐、办事利落，讨人喜欢；有德的人总是坚守原则、固守本分，令人心生几分敬畏。讨人喜欢的人自然容易亲近，令人心生敬畏的人自然也容易被疏远。而在《资治通鉴》中，有一段很值得我们现代人思考的论述，翻译成白话文大意是："德才兼备称之为圣人；无德无才称之为愚人；德胜过才称之为君子；才胜过德称之为小人。挑选人才的方法，如果找不到圣人、君子来辅助自己，与其得到小人，不如得到愚人。为什么呢？因为君子持有才干来做善事，而小人持有才干来做恶事。持有才干做善事，能无善不为；而凭借才干作恶，就无恶不作了。愚人即使想作恶，因为智慧不济，气力不胜任，好像小狗扑人，人还能制服它。而小人的心机足以使他的阴谋得逞，他的力量又足以施展他的暴虐，这就如恶虎长了翅膀，他的危害难道不大吗？"虽然这是千年前的观点，但放到今天，依然是真理。

爸爸给你讲一个真实的故事吧。

12年前，有一个小伙子刚毕业就去了法国，开始了半工半读的留学生活。渐渐地，他发现当地的公共交通系统的售票处是自助的，也就是你想到哪个地方，根据目的地自行买票，车站几乎都是开放式的，不设检票口，也没有检票员，甚至连随机性的抽查都非常少。他发现了这个管

第六章 / 有情有爱：珍惜并感恩你身边的人和事

理上的漏洞，凭着自己的聪明劲，他便经常逃票上车。他还找到了一个宽慰自己的理由：自己还是穷学生嘛，能省一点是一点。

4年过去了，名牌大学毕业的他到一些大企业、大公司应聘，结果却都被婉言相拒。一次次的失败，使他愤怒。他认为一定是这些公司有种族歧视的倾向，排斥中国人。最后一次，他冲进了某公司人力资源部经理的办公室，要求经理对于不予录用他给出一个合理的理由。然而，结局却是他始料不及的。下面的一段对话很令人玩味。

"先生，我们并不是歧视你，相反，我们很重视你。老实说，从工作能力上，你就是我们所要找的人。"

"那为什么贵公司会拒绝我？"

"因为我们查了你的信用记录，发现你有三次乘公车逃票被处罚的记录。"

"我不否认这个。但为了这点小事，你们就放弃了一个多次在学报上发表过论文的人才？"

"小事？我们并不认为这是小事。我们注意到，第一次逃票是在你来我们国家后的第一个星期，检查人员相信了你的解释，因为你说自己还不熟悉自助售票系统，只是给你补了票。但在这之后，你又两次逃票。"

"那时刚好我口袋中没有零钱。"

"不，不，先生。我不同意你这种解释，你在怀疑我的智商。我相信在被查获前，你可能有数百次逃票的经历。"

"那也罪不至死吧？干吗那么认真？以后改还不行吗？"

"不，不，先生。此事证明了两点：

一、你不尊重规则。不仅如此，你善于发现规则中的漏洞并恶意使用。

二、你不值得信任。我们公司的许多工作是必须依靠信任进行的，如果你负责了某个地区的市场开发，公司将赋予你许多职权。为了节约成本，我们没有办法设置复杂的监督机构，正如我们的公共交通系统一样。所以我们没有办法雇用你，可以确切地说，在这个国家甚至整个欧盟，你可能找不到雇用你的公司。"

直到此时，他才如梦初醒、懊悔难当。然而，真正让他产生一语惊心之感的却还是对方最后提到的一句话：品德常常能弥补智慧的缺陷，然而，智慧却永远填补不了品德的空白。

儿子，有句话你听过吗："先做人，后做事。"做人是做事的基础，如果连做人都做不好，就难免会做坏事。所以爸爸希望你永远都能把品德放在第一位，永远都不要以

"分数"的优秀来自居。分数是可以量化的,品德却关系到一个人的本质,孰轻孰重,你应该懂得去分辨了吧。

"谢谢"这两个字代表一种人生态度

今天爸爸带你和姑姑家的表弟出去玩,你们两个小家伙一路打闹,乱得不成样子,那会儿突然迎面来了一辆自行车冲着你们就去了,爸爸还没来得及反应,只见你表弟一个转身,迅速地把即将被撞上的你给拉了回来,谁知你竟然回头吼表弟:"拉什么拉!很痛啊!"表弟不甘示弱,马上回道:"真是不识好人心,要不是我拉你,你早就被撞飞了!"听着你们俩斗嘴,爸爸忽然觉得你身上似乎缺少那么一点点感恩的心态,虽然只是玩闹,但是爸爸却想到了更多,平时确实很难听到从你口中说出"谢谢"这两个字。这并不是个好现象,爸爸希望你能够学会感恩,"谢谢"这两个字虽然简单,却代表一种人生态度,拥有了感恩的人生态度,你的生命必将变得更加温暖。

爸爸想到了前几天一位朋友所讲的一个故事：

一个孩子在家里和妈妈吵架了，愤怒中，他拉开门转身向外面跑，后面气愤的母亲说："出去就不要回来！"这句话让他心中的愤怒达到了极点，他一边流泪一边在街上漫无目的地走了许久，眼看着天就快黑了，逐渐平静下来的他这才感觉到肚子饿了，这时候气温也降了下来，他又冷又饿，不知道该怎么办。这时候他看到前面有一个面摊，冒着热气的汤面对饥肠辘辘的孩子来说实在太具有诱惑力了，可是他摸了摸口袋，没有半毛钱。面摊的老板是一个和蔼的阿姨，看到他站在路边就问他："孩子，你是不是想吃面？"他有些不好意思地回答："对不起，我忘了带钱。""没关系，我请你吃。"阿姨看了看他说，其实这个阿姨看他的样子已经基本猜出来是怎么一回事了。

过了一会儿，面端上来了，孩子很感激地端起碗吃了起来。"你怎么这么晚还不回家啊？"阿姨看着他问。听到这样的关心询问，孩子哭着说："阿姨，我妈妈要是像你一样就好了。"

阿姨笑了笑问他："为什么？"

孩子一边擦眼泪一边说："你不认识我，却对我这么好，我没带钱，你还请我吃面；可是我妈，她和我吵架，

第六章 / 有情有爱：珍惜并感恩你身边的人和事

竟然把我赶出来，还说再也不要我回去了！"

阿姨听了，说道："孩子，你怎么会这么想呢？你想想看，我只不过给了你一碗面，你就这么感激我，可是你妈妈养了你十多年，每天为你洗衣做饭，你怎么不感激她？竟然还和她吵架？"

孩子一下愣住了，阿姨的这番话让他一下子明白了许多，他急忙放下筷子跟阿姨道别，然后往家里的方向跑去。当他走到家附近时，看到焦急的妈妈正在路口四处张望，孩子的眼泪又开始掉下来，他扑到妈妈的怀里，这时他发现妈妈的眼里也含着泪……

如今的这个社会，有越来越多的孩子过着饭来张口、衣来伸手的日子，太多的孩子对于这些关心和付出变得麻木起来，他们无法得知这些伸手可得的事物是通过如何艰辛的历程而来，也不会真正去关心和留意这个，似乎一切都变成理所当然。然而，这个世界上只有那些懂得感恩的人才能明白幸福的所在，所以孩子，我希望你从小就能有一颗懂得感恩的心，这样你才会每一刻都过得幸福。

什么是感恩之心？感恩是一种心态，是一种生活态度，是一种精神境界，更体现了一个人的世界观。感恩，体现了一个社会中人与人之间交往的准则,也是人与人之间一种凝聚力的内核。因此,无论是在我们的家庭生活中,还是在平时的工作中,我们都要学会感恩,我们家庭中的每个成员都应该拥有一颗感恩之心。无论社会如何发展,人类现代文明如何进步,家庭始终都是社会的一个基本单位,每一个家庭成员在整个社会大家庭中,其力量是微不足道的。人类只有相互依赖、相互支撑、相互帮助才能更好地生存在这个地球上。

看到你这么有同情心,爸爸很高兴

前些时候,在电视上看到一则小孩子遭遇车祸路人冷漠的新闻,爸爸觉得心痛而且震惊,同情心是一个人应该具备的最基本的素质,这也是爸爸对你最基本的要求。在爸爸心目中,你应该成为一个有爱心、有同情心的人,这其实也是善良的代名词。在你拥有成就、财富等东西之前,你首先应该具备这些素质,这才是爸爸所希望看到的。不

第六章 / 有情有爱：珍惜并感恩你身边的人和事

过让我欣慰的是，你从小便表现出了你的情感以及爱心，比如看电视会替电视里的人难过、很多时候会替别人着想等，这些都让爸爸确信，你将来必定会成为一个具有同情心的人。同情心和爱心是生活中不可或缺的，一个人需要这种情感来让他更加完整，而一个社会同样需要这种情感来变得更加和谐。

儿子，在你小的时候，爸爸和妈妈就经常告诉你，要关心他人、要爱护小动物，等等。一次，我们遇到一位盲人在拉二胡乞讨，我趁机问你："你看他多可怜呀！大家都在帮助他，你是不是也应该帮帮他呀？"然后就看你很难过的样子，并且很久之后都还记得这件事，说不知道那个盲人怎么样了。这些其实都是你天性中善良一面的展现，爸爸很愿意看到你表现得善良、有爱心和有同情心。

爸爸曾经看到有一位哲学家说过这样的话："对于一切有生命之物的同情，是对品行端正的最牢固和最可靠的保证。谁满怀这种同情，谁就肯定不会伤害人、损害人、使人痛苦，如果能宽容地对待他人、宽恕他人、帮助他人，那么他的行动将会带有公正和博爱的印证。"这其实是对同情心最为深刻准确的定义。现实中，在崇尚个性自由发展的今天，许多孩子的某些个性也在不适当地"膨胀"。他们得到了太多的关注和爱,却不懂得怎样去关爱别人。他们往往会以自我为中心,那种对他人漠不关心的表现已经明显地凸显了出来。比如,当看到别的小朋友摔倒了,他们会哈哈大笑;看到路边的毛毛虫,会毫不犹豫地踩踏;看到小花,会顺手采摘……这样的现象是什么原因造成的?我想作为家长首先要从自身找原因。孩子的很多行为和家长自身的行为有着密切的关系:家长如果对孩子一味地满足、一味地迁就,百依百顺,孩子就会容易养成自私、任性的性格。父母给孩子的爱应该是理性的、有原则的。对于孩子自私、任性的行为,一定要坚决制止。必要的时候,父母也可以表达出自己的生气和不满,让孩子感到自己这样做是得不到肯定和赞扬的。当孩子体会到这点以后,才会意识到关心他人是自己应该去做的。

  在培养孩子同情心这方面,父母也要从自身做起,有些父母对别人的困难和不幸总是无动于衷,他们不欣赏也不理解孩子的同情行为,怪他多管闲事,久而久之,孩子也就感受不到人间珍贵的情谊,幼小的同情心就这样在无形之中被扼杀了。对于孩子来说,家长是他们最早模仿的对象,孩子同情心的发展最需要父母的言传身教。由于孩子的年龄小、模仿性强,具有高度的可塑性,

第六章 / 有情有爱:珍惜并感恩你身边的人和事

所以一方面,家长要培养孩子文明礼貌的行为习惯,另一方面,家长也要提高自身的修养和素质,为孩子树立良好的榜样。

儿子,也许你还小,你的同情和善良也是出于本能,你还不能理解同情心和善意会给别人乃至整个世界带来多大的改变。

爸爸很久以前看过一个故事,说是在美国东部一个风雪交加的夜晚,推销员克雷斯的汽车坏在了冰天雪地的山区。野地四处无人,克雷斯焦急万分。因为,如果不能尽快离开这里,他就会被活活冻死。这时,一个骑马的中年男子路过,他二话没说,就用马将克雷斯的汽车拉出了雪地,拉到一个小镇上。当克雷斯拿出钱对这个陌生人表示感谢时,中年男子说:"我不求回报,但我要你给我一个承诺。当别人有困难时,你也要尽力去帮助他!"

在后来的日子里,克雷斯帮助了许许多多的人,并且将那位中年男子对他的要求同样告诉了他所帮助的每一个人。很多年后,克雷斯意外被一场洪水围困在一个小岛上,一位少年帮助了他。当他要感谢少年时,少年竟然说出了那句克雷斯永远也忘不了的话:"我不要求回报,但你要给我一个承诺……"克雷斯的心里顿时涌起了一股暖流。同情心和善意是无价的，它不需要回报，却可以在人群中无限传递，温暖每一个人。

有人比喻说：如果每一件人们相互帮助的善事都是一颗珍珠的话，那么我们每一个人的同情心和善意就是一根金线。用金线把颗颗珍珠穿起来，就是世界上一条最珍贵的项链。同情心是关怀、助人、分享以及道德感等社会品格养成与社会交往技能组成的基本元素，没有同情心的孩子就不会体会别人的感受，自然也谈不上关心别人、与别人分享了。同情心也是分担和感受别人忧伤的一种能力，是对是非观点提供支持的一种非常关键的情感，孩子，你有了同情心就能增强对别人想法的理解，如此，你才有可能更深入地感受到别人的痛苦、困难，这种感受可以让你更宽容、更能理解别人的需要，并在别人有困难的时候主动想到帮助别人。而缺少同情心的人往往会变得冷漠、孤僻、不合群以及挑剔，他们也就难以站在别人的角度分担别人的痛苦或需要。

第六章 / 有情有爱：珍惜并感恩你身边的人和事

真不错，你居然开始知道关心父母了

爸爸着凉感冒了几天，本来也没怎么放在心上，但是今天晚上在吃饭的时候你突然问爸爸的病有没有好点，吃完饭还主动给爸爸倒水，这让爸爸感到意外并且欣慰不已，也许你是真的长大了，爸爸越来越觉得你更像一个小小男子汉了。记得去年你还在家里耍横跟奶奶抢电视频道看，而今年暑假的时候奶奶从老家回来，你已经懂得主动跑出去扶奶奶下车了。这些细微的成长痕迹爸爸看在眼里，乐在心里，这就是你的成长。看到你越来越懂事，爸爸真心觉得，之前在你教育上的努力没有白费，你正一天天沿着正确的轨道在前行、成长，这是爸爸最值得骄傲的事情。

常言道："人之初，性本善。"一个人刚生出来就好比一张白纸，若在这张纸上精心设计和细微地描绘，最后也许是一幅经典作品。所以说孩子的早期教育是非常关键的，恰当的教育理念，对他的一生都会产生莫大的影响。爸爸从小就非常重视亲情方面的教育，因为爸爸觉得，一个孩子完整健康的人格跟家庭和亲情的完整是分不开的，一个夫妻恩爱、父慈子孝的家庭走出来的孩子必然也会重感情、尊重家人和长辈，而那些报纸、电视上曝出的兄弟反目、儿子抛弃老人的事例中，亲情教育上的缺失必然是存在的。

比如，一个家庭中，为人父母的一言一行总在潜移默化中不知不觉地影响着子女的心灵，诸如尊敬长辈、与人为善，等等。如今，望子成龙、望女成凤已成为一种普遍的社会现象，在子女的学习与生活上，做家长的可以倾其所有的精力与财力。总而言之，一切的中心都是"孩子"这两个字，一切的忙碌都是在围绕孩子转。这种做法确实也可以理解，因为现今的社会毕竟是一个充满竞争的社会，任何一个家长都会担心孩子跟不上竞争的节奏而为社会所抛弃。然而，如果由此而造成孩子唯我独尊的话，那就得不偿失了，一些基本的亲情教育还是不能够忽视的。

为此，爸爸在家里一贯的做法是，从小就教育你尊敬爷爷奶奶和外公外婆，并通过我们的实际行动，让你在潜移默化中受到教育。比如，我们都很尊敬自己的父母和八十多岁的奶奶。在日常生活中，我们不但时时关心长辈的生活起居，更关心他们的健康问题。人到老年，总是或多或少患有一些疾病，一旦他们身体不适的话，爸爸总是

第六章 / 有情有爱：珍惜并感恩你身边的人和事

会带着你及时去探望他们。爸爸是希望在对长辈付出关爱的过程中，让你也慢慢懂得：如果没有我们父辈当初的努力与付出，也就没有我们的今天。无论如何，我们也应该尽我们的所能去照顾关爱我们的长辈。儿子，逢年过节或双休日，爸爸带你去看望爷爷奶奶的时候，你都会拿出自己最爱吃的东西，并且会关心地问："身体好吗？"那种亲热劲儿完全发自内心，甚至已经超过了对我们的亲近，对此爸爸欣慰不已。我们不妨想一想，如果一个人对自己的亲人都没有一点爱心的话，又怎么会为整个社会奉献一点爱心呢？

爸爸对你在亲情方面的教育其实也有着更为广泛的意义。不妨想一想，一个人对家人如此，对别人呢？自然也会与人为善。在日常生活中，如果邻居中有人生病了，我们也会多加关心，为他们留意一些健康知识，有时还会直接陪他们去医院看病。除此之外，有时候自家的物品，吃的也好，用的也罢，一时用不完，爸爸就会带着你拿一些去跟邻居分享。爸爸这样做的目的只有一个：让你懂得社会的竞争虽然是无情的，但人与人之间更应讲究一个"情"字，而与人为善是我们中华民族的优良传统与美德。爸爸希望将来的你也能够具备这样的素质，这有助于你立足竞争的社会而处于不败之地。

上次回老家时，听到一个远房亲戚说，他的大女儿连中学都没读完，就跟一个男同学恋爱了。为此，这个亲戚气得暴跳如雷，还火冒三丈打了女儿几次，可结果呢，不但没改变她的错误想法，反而女儿一气之下和男友私奔去了南方，也不告诉家人地址，只是在电话里告知在那里很安全，有工作。她老爸是叫天天不应，叫地地不灵，又不敢再逼她。谈起这些的时候，这个亲戚只是伤心地说："就当我没生过这个女儿。"

不过话说回来，我认为这中间必然有他作为家长的责任，而且是不可推卸的。孟子说过："幼而知爱其亲，长而知敬其兄。"一个人如果小时候缺少家庭伦理教育与亲情教育，长大成人后，有很大可能会成为情感冷漠、道德观念淡薄的人。所以家长应该在孩子小的时候就开展亲情教育，让孩子在享受父母之爱的同时学习以爱回报父母，懂得孝敬父母、体谅父母、关心父母、照顾父母，进而形成敬重老人、友爱他人的好品质。

第六章 / 有情有爱：珍惜并感恩你身边的人和事

小子，每个人都有值得你学习的地方

　　昨天你从学校回来气鼓鼓的，问你原因，你说是老师在钢琴课上说你弹琴不如另外一个同学好，要你向那位同学学习，你很不服气，跟爸爸说那位同学平时成绩还没有你好呢，有什么好向他学习的。爸爸觉得你之所以生气，可能是因为老师当众那么说让你觉得自尊心受到了伤害，但是以爸爸对你那个同学的了解，他参加过钢琴比赛还拿到了名次，就钢琴的水平而言，确实是要比你好很多，老师让你向那位同学学习钢琴技巧没有任何不对的地方，你应该虚心接受才对。儿子，你要知道，这个世界很大，天外有天，比你强的人比比皆是，要正确认识这个现实。即便是那位同学成绩不如你，但是就弹钢琴而言，你确实应该向他学习。

　　其实，作为一个男孩子，爸爸很乐意看到你身上那股不服输的劲头，这种精神有时候可能是一种积极的竞争精神,但有时候也有可能是因为你太过骄傲,喜欢孤芳自赏。你从小就习惯了以自我为中心的生活环境,也许这种欣赏别人优点的美德正是你所缺乏的。当然,这并不是在否定你,并不是说你不够优秀,而是说你有可能会用自己的"骄傲"把自己独锁在"骄傲王国",总觉得别人的成绩和优点微不足道,而你自身却没有意识到自己的狭隘,这对你的成长是极为不利的。

当然,你成绩比那位同学好这也是客观事实,但是你必须认识到,在功课的范围内,你能力比他强,但是在钢琴的范围内,他确实是能力比你强。我们每个人身上的某种优势只不过限定在一个很小的范围内,放在一个较大的范围内有可能失去这种优势,所以优势只是相对而言的。不要因为你成绩好就看不起人家比你厉害很多的钢琴水平,这是不对的。爸爸给你讲一个小笑话吧,也许你听了之后在大笑之余,会有所感悟。

有一个博士生毕业之后到一家研究所工作,按照学历来说,他是所里学历最高的人,他因此自豪不已,平时看谁都不放在眼里。有一天,他到单位后面的小池塘去钓鱼,正好正、副所长在他的一左一右,也在钓鱼。他见到领导也只是微微点了点头,心想两位所长都是本科学历,跟他

第六章 / 有情有爱：珍惜并感恩你身边的人和事

们有啥好聊的呢？

不一会儿，正所长放下鱼竿，伸伸懒腰，做出了一个惊人的举动，他竟然一脚跨进水里，而且噌噌噌从水面上快步如飞地走到对面上厕所。博士的眼睛瞪得都快要掉下来了，这是什么功夫？水上漂？这可是一个池塘啊，这不科学！然而紧接着所长上完厕所，同样也是噌噌噌地从水面上"漂"回来了……博士实在想不通，但是觉得自己身为博士生又不好意思去问本科生，于是就只好把好奇憋在肚子里。

又过了一阵儿，副所长也站起身来，走几步，同样噌噌噌地漂过水面上厕所。这下子博士更是差点昏倒："不会吧，两位所长都练过不成？"

这时博士自己也内急了。这个池塘比较宽阔，两边有围墙，要到对面厕所需要绕十分钟的路，而回单位上厕所，路程比这个还远，怎么办？但是碍于面子，他实在不愿意去问两位所长，憋了半天实在憋不住之后，他想：我就不信本科生能过的水面，我博士生就不能过。他起身就往水里跨，只听"扑通"一声，博士生栽到了池塘里。

两位所长吓了一跳，赶忙将他拉了出来，奇怪地问他为什么要跳进池塘，博士问："为什么你们可以走过去而我就不行呢？"两位所长听了之后哈哈大笑："这池塘里其实

- 141 -

有两排木桩子，原本就是让人踩着过去对岸的，由于这两天下雨涨水正好淹没了木桩一点点。我们以前经常走，心里都知道这木桩的位置，所以可以踩着桩子过去，你初来乍到可能不熟悉情况，怎么不问我们一声呢？"

博士听了，连脖子都红了，都是他自以为有学问，比别人强，才碍于面子不好意思开口去问的，最终自己品尝了苦果。

儿子，你别只顾着笑，你先想想，有没有觉得这个博士有些眼熟？想想你自己，你今天在钢琴课上的表现，不正是那个博士生的举动吗？你觉得自己成绩比别人好，就无视人家身上比你强的优点，觉得没什么好跟人家学习的，这样的想法实在是很可笑的，要记住，每个人身上都有值得你学习的地方，无论任何时候，你都不能有看不起别人的骄傲心理，否则吃亏的只会是你自己。

要记住，不正确地比较往往容易滋长骄傲情绪。如果你习惯于以己之长比别人之短，当然会让自己占有优势，甚至是沾沾自喜。但是这显然不是一种积极进取的态度，而是孤芳自赏或者蔑视别人的成绩。这个世界上没有完美的人，无论是谁，都会有一些优势，同时也会有一些不足。你要懂得谦虚，应该学会汲取别人身上的优势来弥补自己

第六章 / 有情有爱：珍惜并感恩你身边的人和事

的不足之处。如果你总是自以为什么地方都比别人强，那么必然会看不起别人。这是万万不可取的，它不利于你在成长和发展道路上的前行。

还记得我们曾在探索频道看到动物遇见强敌时的一部影片吗？节目里发现小小的刺猬、青蛙与河豚在面对强敌攻击时，都会极尽努力地将身体膨胀得几倍大，以达到吓敌之效和建立自己的御敌信心。这个现象其实也存在于我们身边，爸爸在自己的人生阅历中就发现了不少这样的人，越是那些没有自信心和没有什么能力和成就的人，在面对比自己更强的对手时越喜欢以浮夸的言行和吹嘘一些当年的所谓"英雄事迹"来掩饰自己的心虚，这些都是没有安全感的表现，表面上看起来是在吹嘘、是骄傲，实际上却是内心自卑的流露。

爸爸希望你能够树立起正确的观念，戒骄戒躁，不要轻视任何人。古代思想家孔子就说过："三人行，必有我师焉。"意思就是说每一个人都可以是我们的老师，我们只要虚心学习，都能够从他们身上学会一些本领，从而提升自身的能力。你要具备这种虚心学习的品质，不管是学校的功课，还是未来面对人生道路上的朋友或者对手，都要保持这种心态，这样你才能得到更多知识，让自己成长得更加强大。

信赖别人，你才会得到别人的信赖

  昨天，爸爸给你带去学校买资料的钱被你弄丢了，虽然数目不大，但是毕竟是你的过失，爸爸说了你几句，你也很郁闷，仔细回想每一个细节，想要找出来究竟是在哪个环节丢的。后来你跟我说，你怀疑班上的一个同学，你们本来很要好，但是前段时间因为大扫除的事情有些不愉快，而且你回想他昨天的行踪觉得很可疑。爸爸觉得你虽然很仔细地在推敲这件事，但还是不能仅仅凭着主观的判断去怀疑那位同学，更何况你们原本是好朋友，你可能会因为之前的不愉快带入一些主观的情绪。最后爸爸建议你不要再纠结这件事了，生活中因为马虎而丢东西的事情很常见，自己马虎了以后吸取教训就行了，跟买资料的那点钱相比，爸爸更希望你能有个好的心态，不要轻易去怀疑朋友。

  爸爸之所以不支持你的想法，是因为爸爸觉得朋友之

第六章 / 有情有爱：珍惜并感恩你身边的人和事

间最大的敌人是怀疑。一个人在这个世界上不可能是一个孤立的个体，每一个人都或多或少地会与周围的人产生联系，既然会产生联系，而人又是有感情的动物，所以自然而然地会对周围的人产生感情。亲情、友情、爱情都是人世间最珍贵的感情。真正的朋友是相互信任的，要尽量去避免信任危机带来的悲剧。古人说："腹心相照，谓之知心。"知心朋友和牢固的友情是通过真诚相处而获得的。只有诚实对待对方，才能赢得对方的信赖，才会使友谊长存。

信赖是人们发自内心的一种情感，很多时候，它并不需要具体的语言和动作，但是我们相互之间却能够感受到。同样的道理，怀疑也是如此，如果你对一个人心存怀疑，那么即使你不说出来，也难免会不知不觉地流露出来。一个人的行为，潜移默化之中都会被自己的内心所左右，甚至有的时候自己都无法知道。

从前有个住在海边的小男孩，他每天都要到海滩上玩耍，海滩上有许多觅食的海鸟，男孩每天都要从家中带些食物来喂它们。日子久了，海鸟们对男孩非常亲热，常常飞到男孩的手上取食。男孩坐着看海时，海鸟也会环绕在男孩的身边。

有一天，男孩的父亲路过海边，远远望见一群海鸟环绕在儿子的身边，非常亲热的样子，心中就有了主意。晚上，男孩回家后，父亲对他说，要他明天趁海鸟飞下来时，抓一只回来玩玩。男孩开始极不愿意，但经父亲再三要求，心想海鸟数目众多，抓一只也无所谓，只要自己抓回来后能好好待它，总好过天天在海滩上争食。

第二天男孩来到海边，他带来了比平时多一倍的食物，可是海鸟们只是在上空盘旋，无论男孩怎样引诱，就是不肯飞下来。一连好多天都是如此，男孩百思不得其解，他想：这群海鸟朋友为什么会背弃我呢？

可见，藏在心里的想法，就连海鸟都感觉得到，更何况人呢？切记，你心中的"善"与"恶"会通过你的一个眼神、一个细微的动作、一句话……像电流一样准确无误地传给别人。而这些动作、话语等都会影响到你在别人眼中的形象，继而影响到人生的方方面面，包括生活、工作、事业，等等。怀疑的情绪同样也是如此，很多时候，一旦你内心怀疑了某个人或者某件事情，那么你会越来越觉得事情可疑，就连一些本来觉得没什么相干的事情和细节，都会越看越觉得蹊跷。

爸爸曾经看过一个笑话，说是有一个人想挂一张画。

他有钉子,但没有锤子,邻居有锤子,于是他决定到邻居那儿去借锤子。就在这时候他犯了嘀咕:要是邻居不愿意把锤子借给我,那怎么办?昨天他对我只是漫不经心地打招呼,也许他匆匆忙忙,也许这种匆忙是他装出来的,其实他内心对我是非常不满的。对什么事不满呢?我又没有做对不起他的事,是他自己在多心罢了。要是有人向我借工具,我立刻就借给他。而他为什么会不借呢?怎么能拒绝帮别人这么点儿忙呢?而他还自以为我依赖他,仅仅因为他有一个锤子!我受够了。于是他跑到邻居门口,按响门铃,邻居开门了,还没来得及说声"早安",这个人就冲着邻居喊道:"留着你的锤子给自己用吧,你这个恶棍!"

　　这个笑话其实就是在讲一个人内心的想法是如何影响他的问题分析方向乃至行动的。英国专门研究社会关系的卡斯利博士说:"大多数人选择朋友是以对方是否出于真诚而决定的。"在怀疑的心态下,一个人常常会歪曲地理解别人善意的、正常的言行。例如别人赞扬他,他会怀疑是在挖苦、讥讽他;别人批评他,他又会怀疑是攻击他;别人忙,没时间理他,他又怀疑别人是在孤立他。狭窄的心胸使他(她)无法容纳别人对他的评价,也就无法找到正确的生活判断。存在这样心理的人缺乏自信和安全感,他特别留意外界对自己的说长道短，别人脱口而出的一句话很可能他要琢磨半天，想努力发现其中的"潜台词"。这种人心有疑惑，不愿公开，也少交心，整天闷闷不乐、郁郁寡欢。由于自我封闭，阻隔了外界信息的输入和人间真情的流露，便由怀疑别人发展到怀疑自己，变得自卑、怯懦、消极、被动。这样便不能轻松自然地与人交往，久而久之，不仅自己心情不好，也影响到人际关系。

第七章
拒绝孤独：
学会与人和谐相处的要点

　　如果想让一滴水不干涸，就得把它放到大海中去。如果一个人想要活得快乐，想要有所作为，就要把自己投到集体中去。孩子，人生最大的财富便是朋友，因为它能为你开启所需能力的每一道门，让你不断地成长、不断地为社会做贡献。爸爸希望你在将来的日子里能够与所有的朋友和谐相处。记着，像爱自己那样爱别人，这就是维护朋友关系的要谛。

让你受欢迎的不是拳头,是微笑

今天你回到家,愤愤不平地说,今天组织大扫除时有几个同学非要跟你对着干,你怎么看他们都不顺眼,真想扁他们一顿。爸爸当然很能理解你的心情,人们都希望能够赢得别人的尊重,但是你一定要明白,即便是你真的扁了那几个不尊重你的同学一顿,也未必就能够达到你的目的,相反,还会让你们之间的矛盾加深,他们不但不会因此而尊重你,反而会更加跟你对着干,你说是不是这个道理?真正能够赢得别人尊重的实力不是拳头,而是微笑。也许你一时半会儿未必能够完全理解这句话,但是爸爸希望你能够记住它。将来随着你的人生阅历增加,你会越来越觉得这句话是非常正确的。

首先爸爸要告诉你,学会微笑对于每一个人而言都是非常重要的。在人际交往中,微笑是交往双方相互接近的

第七章 / 拒绝孤独：学会与人和谐相处的要点

入场券，它能给人亲切感，最容易使两颗陌生的心贴近。对一个人微笑，是表示欢迎的意思，也是友好的表现，让人感到温暖、友谊，使两个本来不相识的人一见如故。微笑是黏合剂，可以弥合两个人之间的裂痕。一个表情冷酷、自视清高的人，即使其内心非常真诚友好，也不容易赢得别人的喜欢。微笑不是装出来的，而是发自内心的，是内心的快乐、自信、热情的外在表现，是一种做人的态度。微笑具有传染性，微笑着面对人生、微笑着与每个人打招呼，那么别人也会同样回报以微笑。任何人都愿意与面带微笑、充满自信的人交往。因此，无论是在学校还是将来步入社会，爸爸都希望你能够学会微笑，随时保持一份好心情，既让自己感到愉快，又会受到别人的欢迎。

我们都知道，在人与人的交往中，第一印象很重要，要让别人觉得你很真诚并且尊重你，你必须给他留下真诚的第一印象。曾经有一位销售界的智者说过："做人成功的要诀是友好。它就像植物的根，如果没有根，那么植物就会干枯死亡。"在我们日常的生活中，一样是这样的道理，只要真心为别人付出，就必然会得到对方的尊重，这个法则是通用于我们生活的任何一个方面的。

当年的拳王阿里，因为年轻时不善于表达自己，因而不被太多观众所了解，在一定程度上影响了他的知名度。有一次，阿里参赛时膝盖受伤，观众大失所望，对他的印象更加不好了。然而当时阿里并没有拖延时间，而是要求立即停止比赛。阿里微笑着对观众解释说："膝盖的伤还不至于到影响比赛的程度，但为了不影响观众看比赛的兴致，我请求停赛。"

在这之前，阿里并不是一个很有观众缘的人，但是由于他对这件事的诚恳解释，使观众开始对他产生好的印象。他为了顾全大局而请求比赛暂停的真诚，是在替观众着想，由此也深深地感动了观众。

阿里脸上发自内心的微笑和真诚感动了观众，他用这样的真诚和微笑挽回了观众对自己的不良印象，也换来了观众对他的支持与尊重，可谓一举两得。

每个人的内心都渴望得到他人的尊重，但只有尊重他人才能赢得他人的尊重。尊重他人是一种高尚的美德，是个人内在修养的外在表现。尊重他人是一个人修养的表现，是一种文明的社交方式。一个真心懂得尊重别人的人，一定能赢得别人的尊重。

第七章 / 拒绝孤独：学会与人和谐相处的要点

那么，我们应该如何去表达我们发自内心的真诚和尊重呢？我们必须要知道：微笑是营造轻松氛围的纽带。微笑让人觉得温暖，让人感到阳光！学会微笑，向朋友敞开心扉，也就拉近了和朋友的距离。人若经常板着面孔，在别人眼里只是一种孤傲幼稚的行为罢了。整天闷闷不乐，也会影响别人的情绪。颓废的心态犹如疫病，会产生群体效应。人若能经常保持微笑，别人也能对你微笑待之，自己也感到愉快，心情自然也好，整个外表也就神采奕奕、容光焕发。若少了微笑，就少了一份起码的友善。

赢得别人的尊重和喜欢，从本质上来说是一个渐进的过程。在品行、性格、行为、习惯等方面随时加强修养，就能逐渐形成健全的人格，也就能够赢得别人的尊重和喜欢，在社会大舞台上也就有了你施展才能的空间。任何人不可能尽善尽美、完美无缺，我们没有理由以高山仰止的目光去审视别人，也没有资格用不屑一顾的神情去嘲笑别人。假如别人在某些方面不如自己，我们不要用傲慢和不敬的话去伤害别人的自尊；假如自己某些方面不如别人，我们也不必以自卑或忌妒去代替应有的尊重。

用真诚的心和发自内心的微笑去对待别人，才有可能赢得对方的尊重。要从内心付出真诚的努力，就必然能够获得最终的成功。孩子，无论是在你的职业生涯，还是在你日常的生活当中，都要牢记这个法则，用一颗真诚的心去指导自己方方面面的生活。只要你能够做到"微笑面对人生"，就必然能够让所有人感觉到你的真心和诚意，从而让更多的人开始了解你、尊重你。

与人相处最重要的是将心比心

儿子，在你将来的人生道路上会有更多的朋友，还会有同事、上司，以及形形色色工作生活中需要去面对的人。尽管如何去处理你的人际关系是你自己要去面对的问题，但是爸爸还是希望能够帮助你建立起正确的人际交往态度。首先要学会的就是将心比心，就是要学会替对方着想，学会站在对方的角度去看待和思考问题。这是一种宽容，更是一种境界，如果能够始终在人际交往中秉持这一原则，那么你会发现，随着人生阅历的增长，你的朋友也会越来

越多。

在爸爸看来，人与人之间最重要的就是要用心沟通。沟通和交流其实是一个信息传递的过程，要想让人与人之间的关系更加密切，交流更加直接，就要想办法让彼此的交流更加接近心灵。在生活中，有些人长篇大论甚至滔滔不绝，可就是难以引起倾听者的共鸣；而有些人仅仅寥寥数语，却掷地有声、扣人心弦，能够让倾听者如沐春风、敞开心扉，这是为什么呢？

很简单，因为后者能了解人们的内心需要，能设身处地地站在对方的立场为对方着想，因此他们的话总是发自肺腑，也更容易打动人心。发自内心的语言虽然是朴实无华的，但却是最感人的。生活中，我们以发自内心的态度去对待身边的朋友，就会更容易获得对方的信任，俗话说将心比心，大部分人都还是善意的，能够感受到我们发自内心的友好和善良。

一位老母亲给女儿讲过一件小事。

有一次，这位老母亲去商店，走在她前面的一位年轻妇女推开沉重的大门，一直等到老人进去后才松开手。当这位老母亲向年轻妇女道谢时，那位妇女连忙说："我妈妈和你年纪差不多,我只是希望她遇到这种情况,也有人为她开门。"听了老母亲的讲述,女儿的心温暖了许久。多年后,老人的女儿也为人母了。有一天,她患病去医院输液,小护士为她扎了两针也没有扎进血管,疼痛中,她正想抱怨几句,却抬头看到小护士额头上布满密密的汗珠,那一刻,这位年轻的母亲突然想起自己的女儿,于是赶忙安慰小护士说:"不要紧,再来一次!"第三针果然成功了,小护士终于舒了口气,连声说:"阿姨,对不起!感谢你让我扎了三针。我是实习生,这是我第一次给病人扎针,太紧张了,要不是你的鼓励,我真不敢给你扎了!"这位年轻的母亲告诉小护士,自己也有一个和她差不多大的女儿,正在医科大学读书,女儿也将面对自己的第一个患者,真希望女儿第一次扎针也能得到患者的宽容与鼓励。

  这样的情形其实在生活中比比皆是,我们如果能从思想方法的角度分析,凡事做换位思考,多体谅对方一点,那么这个世界就会温暖得多。生活中,我们经常说到的一句话"理解万岁",就是希望领导和群众、上级和下级、老年人和青年人以及不同群体的人们互相理解,以达到增强人与人之间更加顺畅交流的目的。人生

第七章 / 拒绝孤独：学会与人和谐相处的要点

活在社会之中，总要与别人发生各种各样的联系，开展人际交往。这种交往要和谐进行，就应该具备正确的思想方法。如果说信任是人与人之间沟通和交流的纽带，那么将心比心的做人态度就是建立起这条纽带的关键所在。在与他人相处时，大家经常想到"理解"这个词，想到每个人对理解的渴求。为什么有那么多需要理解的心呢？就是说理解别人和被别人理解确实是不容易的事，而我认为"将心比心"则是理解的最好前提，说大一些，也是中华民族的传统美德。

将心比心是一件说起来容易做起来难的事情，难在真正将心比心，难在真正换位思考，难在真正付诸行动。如果在平凡的生活中能做到这一点，那么我们大家的家庭会幸福许多，夫妻会和睦相处，一切关系都融洽了。生活是门艺术，如果每个人都能在守好自己本位的同时多多给予他人关爱体贴，那么，生活又何尝不会迸发出绚丽的色彩？

如果和朋友将心比心，大家相处的时候就不会再处处设防，不会在朋友困难时选择袖手旁观。朋友是财富，而好朋友就像金子，随着岁月的流逝会渐渐升值，朋友是可遇不可求的，所以交朋友要交心。如果我们和所有善良的人们将心比心，我们就会觉得生活不再闭塞，不再冰冷，不再无助，不再处处充满陷阱，我们的日子会充满阳光和鲜花，会多一份微笑。

坦率会让你拥有更多的朋友

你已经是个小男子汉了，在学校，你已经有了属于自己的社交圈子，有你的同学、好朋友，看得出来你跟他们相处得很愉快，不过偶尔也会闹别扭发脾气，这都是你成长的必经之路。爸爸也很乐于看到你拓展自己的社交圈子，拥有越来越多的朋友。爸爸想告诉你，在这个世界上，坦率开朗和善于交往能赢得更多的支持和帮助，也能组织起更多的资源，从事个人难以完成的复杂工作。在你今后的人生道路上，爸爸当然希望你身边能有更多的朋友，所以你一定要做到坦荡做人、坦诚待人，做一个坦率的男子汉。

"坦率"这个词的意义包括真诚、坦白、公正、和善，

第七章 / 拒绝孤独：学会与人和谐相处的要点

等等。每个人，无论地位高低、生活贫富、生命长短，都希望自己的一生平安快乐。而快乐的源泉则来自坦诚的心胸。心怀坦荡的人有勇气、有毅力，遇挫折不气馁，遇困难不惧怕，不随波逐流，不向邪恶低头，始终保持自己的气节。在生活中，我们要尽可能地做到真诚与坦率，保持心中一方净土，尽可能地拭去心镜上的尘埃，以照见世间万象，而使自身少受欲念牵绊，去理解、去感悟生命的意义。人与人相处，就会变得更加和谐。

人与人之间需要坦率，而坦率的基石是真诚。无论是在你的学习、工作和社交中，饱含真诚的坦率，会让你的交往伙伴更善于应对压力，相互间更加理解和信任，从而更容易取得优异的业绩。有言道："投之以桃，报之以李。"坦率是相互的，如果你对待他人诚恳、直率，他人定会真诚而坦率地对待你。如果你以心换心地向他人袒露你的内心思想和情感，他人定会毫不保留地敞开心扉，来与你真心诚意地交流与沟通。这样一来，那种不必要的合理谨慎将彻底消除，相互关系就会更加亲近融洽，从而真正达到零距离沟通。

坦率具有强大的亲和力，它让你的长辈、同学、老师和其他人情不自禁地产生与你真诚交往的强烈愿望。一旦他们认为你够坦率直爽，他们就会无条件地接纳你，无微不至地关怀你，把你当作他们的知心朋友，那么你的学业或事业将会更加容易成功，你的人生将会更加灿烂辉煌。所以，做一个坦率的人，不仅是最划算的，还是最受欢迎的。无论身处哪一个社会角色，坦率的人都是最受人尊敬和欢迎的。因为坦率会让大家改进学习和工作，会让大家共同成长。

　　日本著名的推销员原一平说过："做人做生意都一样，要诀是坦率。坦率就像树木的根，如果没有根，那么树木也就没有生命了。"原一平自身的成功也证明了这一点。他年轻时曾在一家机器公司当推销员。有一次，他在半个月内就和30位顾客做成了交易。不久，他却发现他现在所卖的这种机器比别家公司所生产的同样性能的机器价钱要贵。他想：如果客户知道了一定以为我在欺骗他们，会对我的信用产生怀疑。

　　为了妥善解决问题，原一平便带着合约书和订单逐户拜访客户，如实向客户说明情况，并请客户重新考虑选择。这种诚实的做法使每个客户都深受感动。结果，30人中没有一个人解除合约，反而成了更加忠实的消费者。

第七章 / 拒绝孤独：学会与人和谐相处的要点

坦率其实是一种直面自我的勇气，无论是职场还是生活中，坦率都不是一件容易做到的事情。在言谈和行动上都坦率的人，是因为他们的内在品质就是这样。这样的品质很可贵，但更难能可贵的是，要将这种品质再提升一步，即主动袒露自己的心迹，做到真情外露、坦坦荡荡，成为一个坦率的人。这是一个人获得他人信任和自我发展机会所需要的宝贵资源。相反，如果你把自己的思想隐藏起来，却想去了解对方的一切，那是办不到的。就企业而言，要做到坦率，就要做到以下几点：首先，要能够坚守诺言，在员工中建立良好的信誉。良好的信誉，是企业走向成功的不可缺少的前提条件。其次，做任何一项决策的时候，应胸襟开阔、统筹全局。一旦决定之后，就要做到义无反顾，贯彻始终。还有就是要信赖下属。公司内部所有的工作人员，每个人都有其消息来源及市场资料。决定任何一件大事，都应该召集有关人员一起研究，汇合各人的资讯，从而集思广益，得出正确结论，尽量减少出错的机会。

坦率也有助于人与人之间更好地沟通，一个待人诚恳、主动袒露自己心迹的人，与任何人沟通起来都会如鱼得水，因为他的坦率会把对方的心由遥远的地方一下子就拉近到了更亲密的共同交流空间里。在你坦率的情况下，对方会更加全神贯注地倾听你的心声，诚挚地与你交流思想、互通有无。

学着和挑剔你的人和解

"数学老师真挑剔，"你说，"明明答案都是对的，非要说解题步骤太省略，扣我三分。"你拿着新发下来的试卷，皱着眉头嘟囔着，爸爸知道这道题你很轻松就能解答，但是既然扣了你的分数，你首先要做的就是想想有没有自身存在的问题，而不是第一个想到去抱怨老师。其实，在你的成长过程中，会遇到很多对你很挑剔的人，包括爸爸在内，但是等你渐渐成长起来，你会发现，生命中那些对你挑剔的人往往都是那些更关心你的人，即便是将来你有可能在工作中遇到有些出于某种目的去挑剔你的人。但是随着时间的流逝，你会知道，这样的经历其实也在不知不觉

第七章 / 拒绝孤独：学会与人和谐相处的要点

中帮助着你的成长。所以，对于那些挑剔你的人，要学会心怀感激，这才是你应该有的心态。

我们每个人在生活中都会遇到一些对自己挑剔的人，这些人或许是朋友，也可能是对手。他们的话说出来总是让你有点别扭，似乎根本看不到你的优点与付出，却能轻而易举地指出你的不足，让你心生懊恼。对于这些人，你的态度会是怎样呢？愤怒、不屑，还是反驳？请不要这样做，因为能够指出你错误的人恰恰是最应该感谢的，因为他们给你提供了一次可以改掉缺点、完善自我的宝贵机会。如果我们能做到感激挑剔自己的人，也许收益还不止如此。

将来你一定会明白，我们每一个人都应该感谢那些挑剔自己、给自己压力的人，因为正是这些压力使自己有了奋发向上、积极求变的动力。如今的社会永远充满激烈的竞争，每一个人都要学会的是如何在荆棘遍布的人生旅途中寻求到适合自己发展的道路，并以坦然、淡定的心态去面对一切的严苛及挑剔。

爸爸希望你能这样去想：那些挑剔我们的人，他们的出发点是希望你能更好。就算你真的可以确定他们是不怀好意故意打击你，也要明白，有这样的人在你身边，你就能够越来越好。因为，他们为了更有力地打击你，会不遗余力地寻找你的不足，而往往他们找到的恰恰是你自己忽略的，或者是朋友碍于面子不好意思提醒你的。这样想来，是不是真的对自己有帮助呢？如果发现了不足和缺点，积极地虚心接受和改正，并不断地完善自己，这将会是你一生中宝贵的财富，其价值远远超过了对方批评你时直接的说话方式，或者说伤害到你的感受或自尊的程度。那么你与对方也会解除矛盾，化干戈为玉帛。

如果想让自己不断进步，变得更加强大和优秀，不是让自己封闭在自我感觉良好的温室里，也不是让自己一帆风顺地走过每段路程，而是让自己在挫折中、不利的局面中反省自己、认识自己、强大自己。而别人的批评、意见，对你来说不就是让你反省的最好途径吗？不用交学费，只是转动一下脑筋，让思维拐个弯，那么，那些不足、错误和缺点就会一览无余。

有两位很有名气的雕刻家，他们谁也不服对方，两人时常对着记者互相批评："他最近的一部作品，手部的雕塑太匠气了！"要不然就是："他的刀法过于粗糙，不知道是在表现什么！"这两人不相往来，却又密切注意彼此的一举一动。

第七章 / **拒绝孤独：学会与人和谐相处的要点**

有一次，其中一位雕塑家为了赶上一个国际大展的展出时间，在工作室中夜以继日地工作，就在工作接近尾声的时候，有一位朋友来看他，这时雕塑家正在用雕刻刀修饰雕像的肩膀。朋友似乎有话要说，但是还未开口，雕塑家忽然大叫出声："我那个死对头，一定又会在这鸡蛋里挑骨头的！"朋友不解地问："你既然知道他会批评这个地方，为什么不先修正好呢？"

雕塑家微微一笑回答："我就是故意要让他挑剔才这么雕刻，如果他不再批评，我的创意也就没有了。"朋友这才开口说："可是，他昨天忽然心脏病发作去世了。"雕塑家手里的工具"锵"的一声掉到地上，从此，这个雕塑家再也没有独具创意的雕塑作品出现了。

其实，我们真正的敌人不是那些直接对你进行批评和攻击的人，而是那些看到你的错误和不足不但不直言不讳地指出，而且还熟视无睹、不言不语的人，这才是可恶至极、阴险至极。但遗憾的是我们却往往把这类人当作真正的朋友，认为是所谓的"志同道合"。

如果我们觉得身边那些挑剔的人让我们抓狂，那不妨让自己换一种角度，换一种思维方式，你会意识到是他让你从迷中醒悟,从局中放马,是他让你重新认识自我、审视自我;是他让你认真改正了自己的错误,完善了自己、强大自己,让自己变得更优秀、自我价值更高。那么你的对手不仅会无话可说,你的朋友也会对你刮目相看,你的人际关系也会其乐融融。所以,来感谢你的所谓的"敌人""对手"吧,感谢批评你的人,跟他们做朋友吧。

第八章
顶天立地：
男孩就要有个男孩样

  儿子，当妈妈带着疲惫的微笑将你捧给世界，你已经是一座高山、一片大海了。性别交给你一副重担，指给你一条路，对你说：走吧，你是个男子汉！于是，你只能长成一副铮铮铁骨，把脚下坚实的土地踏得咚咚作响，去完成你的使命，你的光荣。儿子，因为你是男人，你只能堂堂正正，顶天立地，百折不挠。

正直,是爸爸希望你一辈子具备的品质

儿子,你长大之后要走向社会,要跟很多很多的人相处交往,所以,爸爸始终认为,要把如何与人交往处世作为家庭教育的重要内容,教会你如何为人处世。为人处世最重要的是要正直。一个正直的人,为人处世能够做到"己所之欲,有道行之;己所不欲,勿施于人"。生活中,这样的人是最受尊敬和欢迎的,人们愿意与他们合作,他们遇到困难时,会有很多人愿意相助。这对提升生存能力和发展能力是很有好处的。虽然你现在还小,但是爸爸还是希望你能够早日理解"正直"这个词,并且把它融入你的一举一动之中。古人说"有志不在年高",而在爸爸看来,一个人正直与否,与年龄也是没有太大关系的。在爸爸看来,正直是要从小做起的。

关于教育孩子正直这件事,爸爸是深有体会和感触的。爸爸年轻的时候曾经有一位邻居,他有一个上小学的儿子,

第八章 / 顶天立地：男孩就要有个男孩样

有一天，他发觉家里的钱莫名其妙地少了几十块，怀疑是儿子偷偷拿去花掉了，于是就翻儿子的书包，果然从儿子的书包里翻出来了不少钱。他把儿子叫到跟前问是不是他拿了家里的钱，儿子当然不承认。这位父亲一下子火了，他狠狠地揍了儿子一顿，说你在家里都有这样恶劣的习惯，以后到了社会上如何去做一个正直的人？挨了打之后，儿子承认了拿钱的事，痛哭流涕地悔过，并保证不再犯了。事实上，这件事情之后，他的儿子确实再也没有犯过类似的错误。这件事情让爸爸对这位邻居相当敬佩，他能够用正直的标准去要求儿子，说明他确实是一个正直的人。

然而不久之后，另外一件事情又改变了我对他的看法。那天，他儿子放学之后跟几个小孩子一起踢足球打碎了邻居家的玻璃，邻居出来找，他儿子就承认了，赔了人家玻璃的钱。这位父亲回到家里找儿子了解情况，儿子说玻璃是自己打碎的，他就问都有谁和儿子一起踢球了。儿子一下就说出了好几个小孩的名字。他一听就火了，对儿子说："这么多人踢球，人家怎么知道玻璃是你踢碎的呢？"儿子说："本来就是我踢的嘛。"他听了更恼火，对着儿子吼道："你真笨！你就不会说不是你踢的吗？！那么多人，你不承认，人家能把你怎么的？！"最后，这位父亲还叹息了一句："我怎么养了你这么一个缺心眼儿的儿子呀！"很显然，这位父亲在教育孩子"正直"上采用了双重标准，这并不是明智的做法，一个真正正直的人永远不会用双重标准来要求自己以及教育孩子。

儿子，不知道现在的你是否能理解，如果爸爸能让你成为一个正直的人，对你的将来来说，等于给了你一生受用不尽的财富。一个正直的人是十分受人尊敬的。为了达到这个目的，爸爸始终非常注意自己的言行，因为爸爸觉得家长要起到榜样作用。家长的一言一行，在潜移默化中影响着孩子品德的形成。家长勇于承认错误、承担责任、做事情公正公平，孩子自然也会受到这种品格的熏陶。家长经常拉关系、走后门，孩子也就变得世故了。所以，首先，家长在孩子面前一定要起到表率作用。其次，家长要经常给孩子讲一些正直的人的故事，让孩子知道做一个正直的人是十分受人尊重的。再次，家长可以让孩子解决一些类似的事情，让孩子体验如何公正公平地处理事情，并告诉孩子虽然有的时候可能不会让每一个人都满意，但只要做到公正公平了，你就不会受到内心的谴责。最后，家长要时刻观察和了解孩子，因为孩子的年龄还小，很多时候掌握不好公正公平的尺度，所以，家长要及时发现孩子身上存在的问题，给予指导，并帮助孩子改正。这样，孩子就会逐渐被培养成一个正直的人。

第八章 / 顶天立地：男孩就要有个男孩样

为了把孩子培育成一个正直的人，爸爸心里很清楚自己应该怎么做，平日里都严格要求自己，加强自身道德的修养，对同事、亲友不说谎、不做假；在孩子面前信守诺言，不为了达到某个短期效果而欺骗孩子；敢于在孩子面前做自我批评；不袒护、包庇自己的孩子；不在孩子面前说别人的坏话等。爸爸知道，父母要使自己的一言一行都成为孩子学习的榜样，这样孩子才会相信，正直是在这个社会生存的原则，自己也必须遵守这个原则。

你是男孩子，不要在困难面前哭鼻子

儿子，从你小的时候开始，爸爸就非常注重培养你坚强的性格，因为你是个男孩子，无论是在社会还是在生活中，总要主动去承担更多的责任、挑战更难的问题，如果随便遇到一点困难就打退堂鼓，那么是永远做不成大事的。不管是你小时候自己跌倒，还是跟小伙伴有矛盾打起来，爸爸跟你说得最多的就是"不许哭"，因为哭不但是种情绪的发泄,也是一种向失败示弱的姿态,无助于提升自己的勇气。如果你想成为一个真正的男子汉,那么无论处境再艰难、心里再难过,也要咬牙坚持住,要迎着困难向前走,永远不要向困难示弱。

由于性格特点以及体内激素的影响,男孩子天生喜欢刺激和冒险,因此也更加容易受伤。从某种程度上来说,男孩的童年其实就是一个不断受伤、不断坚强,而又不断成长的过程。曾经有人这样说过:"伤痕是男子汉的勋章。"虽然我们并不希望看到男孩浑身挂满伤痕,但是如果父母一看到孩子受伤就心疼得不得了,从而把自己的男子汉关在家里,让他安安稳稳地成长,这样的男孩永远学不会坚强。

据说老鹰筑巢时,总是会先往巢里衔进一些荆棘,然后再在荆棘上铺上稻草。在小鹰们长到一个月后,它就会把窝里柔软的稻草衔出去,让荆棘露出来。荆棘把小鹰们慢慢逼退到窝边,这时老鹰就会将小鹰一个一个推出窝外,向外摔出的小鹰只有努力地扑打翅膀,慢慢向下降落,才能安全着地。这时候老鹰就把小鹰落在地上的一部分无用的羽毛拔掉,然后再把小鹰一个个衔到窝里,再次将它们推下去。

第八章／顶天立地：男孩就要有个男孩样

这时候刚好有个路人经过，他见老鹰如此残忍地对待小鹰，便偷偷把一只降落在地上的小鹰带回家喂养。这只被人养大的小鹰，翅膀又大又重，永远失去了翱翔蓝天的能力。鹰妈妈爱自己孩子的方式其实并不像表面上看的那样残忍，它不怕让孩子受伤，不溺爱孩子，因此要努力锻炼孩子坚强的性格，相反，被人带回家的那只鹰，因为生活在舒适的环境中，最终连最基本的飞行能力都失去了。

我们的日常生活中也有很多类似的例子，一些父母不想让孩子受伤，于是把孩子养在"温室"里，不让他们经受生活的磨炼。殊不知，这样的方式不是在爱孩子，而是在害孩子。溺爱下长大的孩子永远学不会坚强，没有受过伤的孩子永远也不知道疼痛的滋味。让孩子受伤，不是为了让他受苦，而是让他从疼痛中得到教训从而不再受伤。经受过伤口痛楚的人以后再受伤时会懂得坚强，否则，永远也无法面对风雨。对于男孩来说，他未来担负的责任是重大的，如果遇到一点困难就想哭鼻子、抹眼泪打退堂鼓，那他拿什么去迎接激烈的竞争？又怎能担负重大的责任？

无论何时何地，当你面对困境忍不住要流泪的时候，爸爸希望你记住：哭泣永远无法帮你克服困境，困境并不是我们的敌人，而是我们的朋友，甚至是人生道路上的导师。困境不仅可以锻炼我们克服困境的种种能力，而且会让我们的内心变得更强大。正如森林中的大树，不经历一次又一次的狂风暴雨，就不会拥有结实挺拔的树干。一个人不遭遇种种困境，他的人格、意志也不会变得结实坚韧。如果我们身处困境，一定要告诉自己：一切的磨难、忧苦与悲哀都是助长我们、锻炼我们的原动力。我们要学会勇敢地面对困境，在困境中找寻自己成长的机遇，而不是哭鼻子、抹眼泪，悲叹命运的坎坷。

苦难，对你来说不过是一场成人礼

今天爸爸在看书的时候看到这样一句话：苦难是一生的垫脚石，对于强者是宝贵的财富，对于弱者是万丈深渊。爸爸觉得这句话实在是说得太好了，人的生命既短暂又漫长，没有哪个亲人可以永远陪在你身边。你总要从少年成长为一个闯荡天涯的男子汉，还有太多的东西等着你去经历和承受，也许是幸福，也许是苦难，但是爸爸想对你说：

第八章 / 顶天立地：男孩就要有个男孩样

所有的旅途都是风景，所有的经历都是财富，要学会坦然地面对一切、面对人生。无论任何时候，无论你拥有了怎样的人生和经历，你都要明白：人生其实就是一个收获的过程，没有人可以保证自己的人生始终风调雨顺，即便是某一刻遭遇苦难，也要记住：经历苦难也是一种收获。

我们知道，没有经历痛苦洗礼的飞蛾无法拥有舒展有力的双翅；人生没有痛苦，就会在挫折来临之时手足无措。正是因为有痛苦，所以成功才那么美丽动人；因为有灾患，所以欢乐才那么令人喜悦；因为有饥饿，所以佳肴才让人觉得那么甜美。正是因为有痛苦的存在，才能激发我们人生的力量，使我们的意志更加坚强。瓜熟才能蒂落，水到才能渠成。和飞蛾一样，人的成长必须经历痛苦挣扎，直到双翅强壮后，才可以振翅高飞。

有人说：人生注定就要经历苦难。如果我们人生的开端过得平和、顺利、没有悬念，这在很多人看来是值得羡慕的事，对自己而言，却不见得是一件好事。多一些磨难、多一些阅历、多一些变化，会让一个人更快地成熟起来，会让一个人更能体会人生的真谛、生活的乐趣和亲情、友情、爱情的珍贵。"自讨苦吃"的人或许会被人笑为傻，但于我们自身而言，却要甘做傻，让自己的人生多一些挑战，多一些改变，多承担一些本不应该过早承担起的责任，因为,这些苦难可以让我们更加成熟、更加坚实。

英国劳埃德保险公司曾从拍卖市场买下一艘船,这艘船于1894年下水,在大西洋上曾138次遭遇冰山、116次触礁、13次起火、207次被风暴扭断桅杆,然而它从没有沉没过。劳埃德保险公司基于它不可思议的经历及在保费方面带来的可观收益,最后决定把它从荷兰买回来捐给国家。现在这艘船就停泊在英国萨伦港的国家船舶博物馆里。

不过,使这艘船名扬天下的却是一名来此观光的律师。当时,他刚打输了一场官司,委托人也于不久前自杀了。尽管这不是他的第一次失败辩护,也不是他遇到的第一例自杀事件,然而,每当遇到这样的事情,他总有一种负罪感。他不知该怎样安慰这些在生意场上遭受了不幸的人。有一天,他在萨伦船舶博物馆看到这艘船时,忽然有一种想法:为什么不让他们来参观参观这艘船呢?于是,他就把这艘船的历史抄下来和这艘船的照片一起挂在他的律师事务所里,每当商界的委托人请他辩护,无论输赢,他都建议他们去看看这艘船。

这艘船的故事告诉我们:在大海上航行的船没有不受

第八章 / 顶天立地：男孩就要有个男孩样

伤的，我们的人生又何尝不是如此？虽然屡遭挫折，却能够坚强地、百折不挠地挺住，这就是成功的秘密。我们的人生若没有挫折，成功不再有喜悦，更得不到成就感；若没有沧桑，我们不会有同情心。因此，不要幻想生活总是那么圆满，生活的四季不可能只有春天。每个人一生都注定要跋涉沟沟坎坎，品尝苦涩与无奈，经历挫折与失意。痛苦，是人生必须经历的一课。

所以爸爸希望你能记住：在漫长的人生旅途中，苦难并不可怕，受挫折也无须忧伤。只要心中的信念没有萎缩，你的人生旅途就不会中断。艰难险阻是人生对你的另一种形式的馈赠，坑坑洼洼也是对你的意志的磨炼与考验——大海如果缺少了汹涌的巨浪，就会失去其雄浑；沙漠如果缺少了狂舞的飞沙，就会失去其壮观；如果维纳斯没有断臂，就不会因为残缺美丽而闻名天下。生活如果都是两点一线般地顺利，就会如白开水一样平淡无味。只有酸甜苦辣咸五味俱全才是生活的全部，只有喜怒哀乐七情六欲全部经历才算是完整的人生。

男子汉就要承担起男子汉的使命

不知不觉间,你已经从一个毛头小子成长为一个个头几乎赶上爸爸的男子汉了,你不再像小时候那般顽皮、冒险,也不再像小时候那样听话、活泼,你的沉默代表着你的思想,你的固执代表着你的独立,虽然有时候会让爸爸觉得无奈,但是爸爸还是很乐于看到你有如此的成长。独立的思想代表着你已经意识到了自己作为男子汉的能力和使命,对某些事情的坚持意味着你已经到了自己为自己的言行负责任的人生阶段。爸爸希望看到的是一个敢想敢干的你,勇于承担责任和使命的你,日渐强壮,已经开始走向自己选定的人生道路,爸爸所能做的,就是在你的身后默默地为你加油,看着你一天一天地成长起来。

也许你还想问:一个人的使命是什么?答案很简单,就是做好自己应该做好的事,没有做好那些本应做好的事,是不负责任的表现。以上这些既"官方"又"书面"的解

第八章 / 顶天立地：男孩就要有个男孩样

释，看起来难免让人觉得枯燥，对于"使命"这两个字，不同的人有不同的答案，不同的领域、不同的角度也会有很多种解释，其实要想弄清楚这两个字很容易，一个简单的例子就可以让所有人明白其含义——自己的孩子或者父母过马路，你有保护他们安全的使命。其实就是这么简单。可是这么简单的事情有几个人做得到？

孩子，使命其实就是一个人承担起对应自己身份的责任，无论是社会精英还是平民百姓，人生的奋斗和努力是少不了的，因为，人来到世上注定是要承担责任的。人生需要快乐，也需要幸福，但不承担任何责任的快乐和幸福显然是不存在的。除非那些对这个社会没有认知能力的傻子，傻傻地乐、不由自主地乐，当然这种幸福和快乐是没有任何意义的。也就是说，一个人的快乐和幸福是建立在尽到责任、履行职责之后的心理体验。毋庸置疑，当今社会里也有不尽孝道之责、不尽教子之责、不尽自身之责者专门为自己一人谋利益，自己好受就得了，哪管他人的死与活。这种人是极其自私的，也是极其龌龊的，他们只是具备了人的动物属性，没有人的美好思想。

人生的使命和责任究竟有哪些？曾经有一位智者朋友的诠释颇有道理，人的一生要做到三点：老有所安、友有所信、晚有所怀。老有所安，意思就是，一个人不但要自

- 179 -

食其力，还要有能力让自己的亲人长辈安心度日。首先，不能让长辈对自己不放心，每天牵肠挂肚，担心自己不能自立。其次，要让自己的长辈在物质上比较丰裕，满足生活基本的需求。再次，要让长辈精神上得到安慰，快乐幸福地享受人生晚年。友有所信就是，要做一个讲诚信的人，朋友与之交往能够放心、安心、踏实。让别人乐意与自己交往，在长期的交往中不会给朋友带来任何的伤害，尤其是心灵上的创伤。晚有所怀就是，让自己的晚辈或者下级信服你的为人品质，对自己满怀敬仰和信任，能够从自己身上学到有用的人生道理。人如果能做到这三点，就可以自豪地说，自己已经尽到了人生的责任。

20世纪初，一位美国意大利移民曾为人类精神历史写下灿烂光辉的一笔。他叫弗兰克，经过艰苦的积蓄开办了一家小银行。但一次银行抢劫导致他破了产，储户失去了存款。当他带着妻子和四个儿女从头开始的时候，他决定偿还那笔天文数字般的存款。所有的人都劝他："你为什么要这样做呢？这件事你是没有责任的。"但他回答："是的，在法律上也许我没有，但在道义上，我有责任，我应该还钱。"偿还的代价是39年的艰苦生活，在寄出最后一笔"债务"时，他轻叹："现在我终于无债一身轻了。"他

第八章 / 顶天立地：男孩就要有个男孩样

用一生的辛酸和汗水完成了他的责任，而给世界留下了一笔真正的财富。

责任的存在是上天留给世人的一种考验，许多人通不过这场考验，逃匿了；许多人承受了，自己戴上了荆冠；逃匿的人随着时间消逝了，没有在世界上留下一点痕迹；承受的人也会消逝，但他们仍然活着，精神使他们不朽。

孩子，人的使命和责任不是从人的生理需求和本能欲望中自发产生的，也不是上帝规定的，而是由人的使命、职责和任务规定的，归根结底是由人们所处的社会地位决定的。在现实生活中，人们彼此之间存在着种种社会联系，并对社会和他人承担不同的责任和使命。凡是在共同生活和活动的地方，都有责任存在，梁启超说过一句话："人生须知负责任的苦处，才能知道尽责任的乐趣。"

关于一个人要承担的使命和责任，解释起来似乎很复杂，但是真正要去做的话，其实很简单，就是做好自己分内的事情。在这个社会中，每个人都具有多重身份，比如将来在单位，你是团队的一员；在家中，你是丈夫，是父亲，是儿子；在亲朋好友中，你又有着朋友、兄弟、长辈或晚辈等重重身份。每一个身份都有它对应的责任，都有应该或者不应该做的事情，这些东西每一个人都要面对。

如果能够勇于面对这些身份，并且尽最大努力去把它们做好，那么，你完全可以说，你尽到了自己的责任，并为之而感到自豪。

陷入困境时不要企图去依赖任何人

儿子，爸爸之前告诉过你，遇到超出自己能力的问题时，要学会去寻求别人的帮助，学会运用身边的力量去帮助自己达成目标。但是这样做的同时，你还要让自己避免养成依赖别人的习惯。爸爸那天只不过是看你学习太晚帮你分析了几个辨析题目，结果后来你几乎每次做这样的题目都要来跟我请教，这可不是个好现象。一旦你养成了依赖的坏习惯，不仅会让自己的潜力再也没有发挥的机会，而且会给别人留下很不好的印象。将来步入社会参加工作之后，这种依赖的毛病更是不受欢迎的，必将会对你的人生道路产生很大影响。所以爸爸不希望你遇到问题时首先想到的是如何寻求帮助、依赖别人，这个步骤是不正确的，

第八章 / 顶天立地：男孩就要有个男孩样

你首先应该做的是最大限度地去发挥自己的力量。

爸爸给你讲一件前些年亲身经历的小事情吧。有一天下午爸爸下班回家，路上看到一位盲人在马路边迟疑，我赶紧走几步搀扶他过了人行道。"你上哪儿？我送你去吧。"爸爸觉得他一个盲人出门在外挺不容易的，刚好那天下班早也有时间，就问他。这位盲人笑了笑："不麻烦你了，你送我一程，可你不能送我一辈子啊！"他一边说一边用手杖探路，小心翼翼地向前走去。

爸爸觉得这位盲人说的话相当有哲理，生活中那些遇到困境总是环顾左右、希望别人拉一把的人，可能会较快地逃离暂时的不幸，但人生还有无数困境仍在不远的前方等待着，他们一旦失去外界的援助，大多在困境中不能自拔，甚至自甘堕落。而在困境中懂得自救的人，也许要在困境中多熬一段日子，但他从中领悟了战胜困难的信心和勇气，当再次面对困境时，就能变得从容、机智、临危不乱。人生是一个漫长的过程，注定要靠我们自己的脚印一步步走过去，没有谁能做你永远的救星，即使是你最亲近的父母。

古时候流传着这样一个故事，讲的是有一位少年，他的父亲临终前告诉他："儿啊，我留给你两件宝贝，有了它

- 183 -

们，你便能得到财富。"父亲去世之后，这位少年冥思苦想，找遍了家中每一个角落，连后院也翻了个底朝天，可他始终没有找到父亲口中所说的两件宝贝。有一天，一位老爷爷看他心事重重，便走到少年面前，问了起来。少年将事情认认真真地与老者说了一遍。老人听了之后哈哈一笑，便告诉了少年："宝贝就是你的头脑和双手。"此时的少年茅塞顿开，恍然大悟，终于明白了父亲所说的话是什么意思。从此以后，这个少年用这两件"宝物"创造了许多财富。

虽然这是一个故事，但其中所蕴含的道理是深刻而明显的，它教育我们无论想得到什么，都不能依赖什么"宝贝"和外在的东西，只有双手和大脑才是真正的财富。要想获取幸福与成功，必须付出努力与代价，否则，无论是伟大的梦想还是小小的愿望，都只能沦为空谈。

爸爸在工作中也见到有不少刚刚走出校门的年轻人在刚参加工作时面对自己从未接触过的工作，一时有些手足无措，每当领导交给他们工作任务时，总是要问一句该怎么办，这种做事方法长此以往就会出现依赖心理，只会被动服从，不会主动开拓。那些成功的人很早就明白，任何事情都要自己主动争取，并且要为自己的行为负责。没有

第八章 / 顶天立地：男孩就要有个男孩样

人能保证你成功，只有你自己；也没有人能阻挠你成功，只有你自己。要想获得成功，你就必须敢于对自己的行为负责，没有人会给你成功的动力，同样也没有人可以阻挠你实现成功的愿望。

因此，每个人在工作中都要善于运用自己的力量，并且充分调动自己的主观能动性，一旦养成了率先主动的工作习惯，就掌握了个人进取的精义。那些以无比的热情看待自己的工作和事业的人，总能发掘出无穷的机会。相反，那些被动的人只能永远等着别人给他们安排任务，而且还要推脱搪塞，在这同时，他们也推掉了机会。只有率先主动，才会让雇主惊喜地发现你实际做得比你原来承诺的更多更好。如果你只是尽本分，或者唯唯诺诺，你就无法获得更多的成长。

孩子，梦想是实现自我价值的平台。将来，你通过自己积极主动地工作，运用自身的力量去创造出更多的价值，这其实就是给自己提供了机会，让你实现自己的理想。如果你遇到问题总是采取一种应付的态度，能少做就少做，能依赖别人就依赖别人，敷衍了事，那实际就是敷衍自己，最后品尝苦果的也只能是自己。

你需要不断去磨炼，才能真正成长

今天是周末，爸爸带你去参观了航天模型展览，你兴奋得不得了，告诉爸爸说也要亲手做一个威风漂亮的航天模型出来，爸爸当然赞成你，于是带你去采购了制作航天模型所需要的材料，回来之后就迫不及待地开始动手制作。然而实际的过程却并没有像你想象的那么顺利，不是这里出了问题，就是那里出了问题，两个小时过去了，你想象中的漂亮威风的航天模型连翅膀都还没有组装起来。你很懊恼，觉得自己太笨，连航天模型都弄不好，有些垂头丧气，爸爸赶忙来助阵，没想到第一次弄航天模型也是一头雾水，两个人忙活得忘了吃饭，才完成了80%。吃晚饭的时候，你的话明显少了许多，还沉浸在之前的沮丧中。儿子，其实要做好任何一件事都不是那么容易的，就像航天模型，连爸爸也是费了好大劲才帮到你。每个人的能力都是有限的，所以才需要去学习、去成长，不要因为某件事

第八章 / 顶天立地：男孩就要有个男孩样

没做好就怀疑自己的能力，那无疑是大错特错的。

爸爸曾经在一本杂志上看到过美国的学校对学生进行的一项测验。测验的主要内容是跑步，与众不同的是，跑之前，每个人需要根据对自己的判断，先预估自己的速度，跑完之后按实际速度跟预测的差异加减分。比如跑800米，你预测三分钟，实际跑了两分半钟，这是要扣分的。这个测验很有意思，最终的评价中有两点：一是你的绝对速度，二是你对自己的认识。当然跑步的绝对速度是外界的一个标准，我们从小就很熟悉。但是对自己能力的正确评价却很少强调，比较普遍的做法是：不管你能力如何，最好达到一个统一标准，越快越好。

这其实也属于教育内容的一个缺失。我们都说世界上没有任何两个人是完全相同的，但是现有的学校测验考试体系却暗示不一样的能力应该可以通过教育来抹平。许多测验和考试的目的就是要求受教育的孩子达到某个标准的要求。这个大纲对于有些孩子是很简单的，对一些孩子又是很困难的。这套测验体系的一个重大缺点就是没有强调：即使在同一个环境里，你的能力也在不断变化。

儿子，你虽然还小，但是在很多事情上，你要学着去了解自己，并且对自己的能力做出正确的估计，无论是眼前的学习还是将来步入社会参加工作，如何评价自己、找到最能发挥自己潜力的位置都是一项很重要的能力。

在遥远的高山，一只鹰从高岩上飞下来，以非常优美的姿势俯冲而下，一把把一只山羊抓住，完成了一次成功的狩猎。这一幕被它的孩子——一头幼鹰看在眼里，小家伙非常激动，虽然妈妈目前教它的只是如何去飞翔和保持平衡，但是它已经迫不及待地要像妈妈一样去捕猎了。于是在每天的飞行练习中，它凭借着对妈妈的记忆，反复练习俯冲的姿势，也希望像妈妈一样去抓一只羊。过了几天，它觉得练习得差不多了，这天它在空中苦苦寻觅终于发现一头山羊，它立刻呼啦啦地从山崖上俯冲而下，猛扑到一只公羊身上，狠命地想把羊抓走，然而它的力气实在太小了，根本抓不起来山羊，自己的脚爪反倒被羊毛缠住了，拔也拔不出来。尽管它不断地使劲拍打翅膀，但仍飞不起来。牧羊人看到后，跑过去准备把小鹰抓住，幸亏鹰妈妈及时赶到解围，才侥幸脱险。

可怜的幼鹰就是因为对于自己的能力估计过高，不能正确地评价自己才导致了最后的悲剧。儿子，你也是一样，你需要学的本领还有很多很多，你的能力还有非常大的提升和发展空间，不要因为一时的挫折而怀疑自己的能力。

第八章 / 顶天立地：男孩就要有个男孩样

很多事情并不像你想象的那么简单，它需要你对于自己的能力有充分的了解和认知，比如航天模型，你眼下无法独自完成，并不代表你将来也不能。重要的是，现在的你，要了解自己为什么不能完成；而将来的你，也要清楚自己通过了哪些努力最终可以完成。这是一个人对于自身能力的正确把握，以及对于能力提高的正确态度。

小鹰想学妈妈那样捕猎山羊，其精神是值得钦佩的，但是它首先要认清自己，如果要想蜕变成一只可以捕猎的雄鹰，需要付出异常艰苦的努力，而不只是简单地学着妈妈的样子俯冲下山崖的姿势。它还需要锻炼自己的力量、反复地磨砺自己的爪子、练习自己的眼力……只有这样，小鹰才有可能抓到山羊；只有经历了这个过程，小鹰才可能蜕变成一只真正的雄鹰。

儿子，你也是一样，你的能力需要不断去磨砺和锻炼才能得到提升，故事里的小鹰失败一次并不可怕，怕的是失败了，依然不知道自己为什么失败。它要明白自己为什么不能像妈妈那样去捕猎，也要明白自己要怎样才能变成一只真正的雄鹰。我们相信，只要小鹰有自己的信念，正确地认识自我，它最终可以变成一只翱翔在天空的老鹰。爸爸不希望看到你因为航天模型没弄好就垂头丧气，因为这件事情确实超出了你的能力范围。你看，即便是爸爸来帮忙，也是累了一头汗还没有完成，所以你不必有任何的沮丧，也希望你能通过这件事对自己的能力有一个正确的评价和把握，不要轻易去做那些力不能及的事情，同时也要注重自身能力的锻炼和提高。终有一天，你能够像你所想的那样，成为一个能力非凡的成功者。

第九章

勇敢的心：
你的未来需要勇敢来成全

　　这个世上的事情，如果你有勇气去做，就已经成功了一半，剩下只需要持之以恒和一些智慧。儿子，你的未来，需要一颗勇敢的心来成全。未来，那漫长的人生道路，不可能一帆风顺，你一定会遭遇坎坷不平。怎么才能战胜这些困难，抵达自己理想的彼岸呢？最主要的是有一颗勇敢的心，做一个勇敢的人，勇敢地面对生活。

别让年龄逐渐消磨了你的勇气

从你六个月大时,你就表现出了男孩子独有的特质,在很多时候,你尝试通过自己的探索去达到目的,而不是像有的女孩子那样哭个不停。爸爸为此欣慰而又兴奋,随着你渐渐地长大,你作为男孩子的冒险精神曾经让我头疼不已,但是爸爸始终很乐于看到你敢闯敢拼的样子。再后来你又长大了,不再像个小孩子那样整天疯跑让爸爸担心了,但是你又要开始面对更多、更复杂的问题。有些时候,爸爸也能隐约看到你的恐惧和犹豫,因为对于一个孩子而言,这个世界上有太多的"第一次"需要去实践和克服。爸爸希望无论任何时候,无论遇到任何事,你都能够扔掉心中的恐惧,勇敢地向前迈进,追求自己的梦想。

儿子,还记得爸爸带你郊游时爬树的那件事吗?那次我们一块在郊外玩,你忽然说很想爬上旁边的那棵小树,爸爸很意外你有这样的勇气,于是就答应你,然后假装在

第九章 / 勇敢的心：你的未来需要勇敢来成全

一边玩，暗中偷偷地观察着你的一举一动。

只见你在树下仔细地看了一会儿，一开始显得有点笨拙地慢慢向上爬，好不容易爬上树的主干，你却开始用脚去踩一条很细的枝干。眼看那条枝干就要被踩断，爸爸的心快要提到嗓子眼儿了，刚想跑过去接住将要从树上摔下来的你，没想到，你却忽然对那条细枝干失去了兴趣，继续向主干上爬，最终你爬到了一个结实的树杈上，得意地向爸爸炫耀你的成绩。

后来等你玩够了从树上下来之后爸爸才问你："儿子，你在爬树之前，在树下看了半天，你在找什么东西吗？""不是，爸爸，我在考察，看看这棵树从哪个角度最容易爬上去。"你一本正经地回答。"你刚才是不是差点把那条小细枝干踩断，从树上掉下来呀？"爸爸想起那根细树枝，又忍不住问你，你却说那是你在试探看那根树枝的承受能力究竟有多大，不会掉下来的。

这件事让爸爸印象深刻，任何一个男孩都是很聪明的，虽然他们有一种没有任何理由就会去冒险的特性，但他们在冒险之前还是会对事情做一定的分析。你小时候爬树的例子就是一个很好的证明，在你爬树的过程中，爸爸发现，你不仅学会了观察，还获得了很多其他方面的知识，爸爸也在庆幸自己没有轻易阻止你去爬树。当时如果因为担心而加以阻拦的话,那么你就失去了这次锻炼的机会,爸爸也失去了一次了解你的机会。退一万步来说,以那棵树的高度,如果真的会掉下来,爸爸在场应该也是不会有什么大问题,而且你将知道下次如何才能避免掉下来,一样会有所收获。

不过随着年龄的增长,以及你接触更多、更复杂的东西之后,爸爸发现,你的勇气在逐渐消磨。比如说在面对陌生人或在一个不熟悉的环境中时,你偶尔会显得局促不安;当遇到不熟悉但认识的同学,有时候你会不好意思去打招呼,要知道这有可能会让人误解为高傲、目中无人,从而影响你的人际关系。你要明白,当一项新的任务摆在面前的时候,胆小退缩的人总是缺乏信心,认为自己可能无法完成这项任务,可能就会放弃或逃避,结果呢,就是比其他人少了很多发展的机遇。有时候你会表现得过于在乎别人的评价,对于别人的话过于敏感,所以别人的一句否定或批评可能就会让你闷闷不乐、耿耿于怀,从而影响了自己的心情。无论在学习上还是生活上,这种缺乏主动性、勇气和信心的表现都是爸爸不希望看到的,因为它会让你错过许多原本属于自己的成功和幸福。

可以说害怕和退缩的确是人们生活中的一大障碍,是成长、成功道路上的绊脚石,那么,我们如何踢开这块绊

第九章 / 勇敢的心：你的未来需要勇敢来成全

脚石，勇往直前地走在成长、成熟、成功的道路上呢？首先，树立自信心是战胜胆怯、退缩的重要法宝。胆怯、退缩的人往往是缺乏自信的人，对自己是否有能力完成某些事情表示怀疑，结果可能会由于心理紧张、拘谨而使得原本可以做好的事情弄糟了。那次你跟我说过，有一个同学本来平时成绩不错，但是一遇到比较重大的考试就紧张得不得了，结果成绩出来很糟糕，这就是缺乏自信的表现。如果你也在做某些事的时候紧张，那么在做之前就应该为自己打气，相信自己起码有能力发挥自己的水平，然后只要自己去努力就可以了。

关于害怕和退缩，爸爸还想给你讲一个小故事。

有一个登山爱好者去爬一座很高的山，因为种种原因被困在了半山腰，上也不行，下也不行，眼看天黑了，他还没能联系到救援队伍。虽然有登山索保证他的安全，但是山中到了夜里气温非常低，他如果不能找到一个避寒的地方，一定会被致命的低温夺去性命。这时候他开始害怕起来，慌乱中踩空，笔直地向下坠去，那一瞬间，他脑海一片空白，不知道过了多久，下坠突然停止了，原来是之前固定的登山索起了作用，他悬在空中，四周一片黑暗，手脚都没有地方可以借力，于是他绝望地放弃了，最终冻死在登山索上。第二天，救援队发现了他悬在距离地面不足三米的冰冷的尸体。

原本只要他不因为害怕而绝望，失去思考的能力，他完全可以试着把身上的水壶等东西丢下去试探一下到底还有多高，然后用小刀把登山索割断下到地面，找一个避风的角落坚持到天亮的。可惜就是因为他被害怕夺去了勇气，最终丢掉了性命。

所以说，不管什么时候，不管是面对什么事情，你一定不能因为害怕而丧失勇气，要告诉自己"我一定能做到"，这就是成功者所必需的强大武器：信心。有了它，即使面对再复杂、再艰难的局面，你也能够鼓起前行的勇气。

勇敢点，哪怕局面很糟糕

今天家里来客人，天气热，爸爸让你下楼去小区门口买个西瓜回来，你拿着钱兴冲冲地去了，没想到没一会儿

第九章 / 勇敢的心：你的未来需要勇敢来成全

便垂头丧气地空着手回来了。爸爸问你咋回事，你吞吞吐吐说了好一会儿爸爸才搞明白，原来你很快就买完西瓜回来了，上楼的时候电梯满了，你着急就爬楼梯上来了，走到三楼绊了一下，西瓜飞了，四分五裂，你觉得很糗，怕有人看到，就赶紧慌张着把碎了的西瓜捡起来扔进垃圾桶，准备下楼去重新买一个，结果收拾完西瓜才发现，手里拿着买西瓜找的钱不翼而飞了，也不知道是路上掉了，还是扔西瓜的时候一起扔进垃圾桶了……爸爸还有客人听得忍俊不禁、乐不可支，你耷拉着脑袋，可能是觉得这么小一件事情都被你搞砸了，很不好意思。这没什么大不了的儿子，这种小事情完全不必放在心上的，将来你还要面对更多更复杂的局面，无论什么时候你都要记住：再糟糕的局面也没什么大不了，收拾好情绪，冷静去处理就是了。

儿子，很多时候你要明白，世间万物是在不停变化的，可能有时候你遇到事情时处理得很顺利，但是也有些时候你会走入死胡同，局面越来越糟糕，看起来已经是山穷水尽的地步了。但即使是这个时候你也不要过于紧张，更不要放弃，因为既然万物在不停变化，那么只要我们去面对、去等待，就一定会有转机。古希腊哲学家赫拉克利特曾经用一句名言来描述我们所处的这个世界："人不能两次踏入同一条河流。"对于这句话，他是这样解释的：你不可能两次踏进同一条河流中去。因为当你第二次踏进这条河流时，它已经不是你第一次走进时的那条河流，原来的那条河流早就变化了。赫拉克利特以此来说明，世界上没有静止和不动的东西，一切都在永恒不断地变化着。任何事物都既存在着，又不存在。因为它存在的时候同时又在变化着，变成了别的东西，也就是原来的东西不存在了。如此之说，受到列宁的好评，认为："这是对辩证唯物主义原则的绝妙说明。"

这个世界上的一切事物都是时时变化、发展的，是不以人们意志为转移的客观规律。正所谓："天不言而四时行，地不语而百物生。"作为人来讲，就要及时发现这些变化，认识到这些变化，不断地调整自己，适应这个世界。在我们的生活和奋斗过程当中，无论是我们自己，还是外部的环境和机遇，同样也都是不停变化着的。所以我们无论是遭遇挫折还是有所成就的时候，都不要忘记提醒自己：这个世界瞬息万变，一定要保持头脑清醒，才能把眼前的东西看得更加清楚透彻。

一位老禅师有一次和一个弟子出游，恰好那天特别热，两人走了一段路之后，就上气不接下气，嗓子眼儿里像冒烟似的难受。老禅师吩咐他的弟子说："我们刚才不是

第九章 / 勇敢的心：你的未来需要勇敢来成全

刚刚渡过一条小河吗？那儿的水清澈甘甜，你去弄些来解渴吧。"

弟子就捧着老禅师的金钵去了。过了一会儿，弟子空着手回来了，禀告老禅师说："小河那边有一拨贩卖布匹的西域商人，他们的马在那儿撒欢追逐，把整条小河的水都弄脏了。不如我们再走两个时辰的路，到前面的另外一条小溪去吧。"

老禅师皱了皱眉头，回答道："牛羊不吃身边的草，却要翻山越岭吃山对面的沙子，世界上有这样的事吗？我们现在渴得不行，为什么还要走两个时辰的路去找水喝呢？你还是再回去一趟，取些水来解渴吧。"

弟子噘着嘴，心里虽然一万个不情愿，但还是按照老禅师的吩咐回到那条小河边。但让他大吃一惊的是：才这么一会儿的工夫，原来的那拨人马都不见了，整条小河又恢复了第一次见到时的清澈和平静，好像什么事情都没发生过一样。

没有永远混浊的河水，与其舍近求远地乱碰运气，不如等待一时，世间万物永远都在不停地发展变化，机会总会来临。这就是老禅师的智慧。

古时有"塞翁失马"的故事，讲的正是这种世间万物不断变化的道理，好的事情会转化为不好的事情，不好的事情也有可能会转化为好的事情，万物生生不息，时刻都在变化之中，我们又何必为一时的失败或者成功沮丧或狂喜呢？只要坚持自己的梦想，时时去努力，事情自然就会朝着好的方向去发展。这其实正符合了付出与收获的因果法则，也是这个世界运转的法则。

不轻言放弃，是勇者的特质

今天爸爸想跟你谈的是信心，可能你觉得信心就是遇到问题踌躇满志、胸有成竹的样子，但是爸爸觉得，信心还有另外一种样子，那就是不达目的不罢休的人生态度。可能你会说那是执着，但是是怎么样的一种力量在支持着我们的执着呢？还是信心。从不轻言放弃，是一种发自内心的自信，"我坚信我能做到。"这样的自信已经升华为一种信仰，一个人如果拥有这样的自信，那么就再也没有什么可以击垮他，再也没有什么艰难险阻可以令他放弃。儿

第九章 / 勇敢的心：你的未来需要勇敢来成全

子，爸爸希望你的身上能够具备这种坚不可摧的信心和信仰，古往今来的那些伟人，无一不是那些具有钢铁般意志和信念的人，如果你做到了，那么人生道路上将再也没有什么可以打败你。

曾经有人说过这样一句话："我不知道怎么定义成功，但我知道怎么定义失败——那就是放弃。如果你放弃了，你就失败了。如果你有梦想，你不放弃，你永远有机会和希望。"这其实是一种永不言弃的精神，即不抛弃、不放弃。对于认定的事情，不轻言放弃。它强调了一种精神，一种拼搏向上的精神；一股力量，一股不惧万难的力量；一种信心，一种坚信梦想能够实现的信心。

这种永不放弃的信心，是对人生目标的追求，是对人生事业的态度，是一种执着的精神，是一种最重要的品格和智慧。在人生的道路上，我们每一个人都会给自己设计一条奋斗之路，也就是要认准人生奋斗的目标，一旦目标确定，你就要全力以赴，以积极执着的态度来完成各项工作，真正做到永不放弃。然而，人生之事十之八九不如意，一旦遇到失败、挫折时，就需要我们做到不退缩、不动摇。失败并不可怕，可怕的是你被暂时的失败所击倒，从此一蹶不振。

在1968年的墨西哥城奥运会上，当马拉松颁奖仪式结束一个多小时后，大会得到一个让所有人都吃惊的消息：有个选手还在跑！原来这个还在跑的选手就是阿赫瓦里。他在跑出不到五公里后因碰撞而摔倒，膝盖受伤，肩部脱臼，但他并未就此退出，而是一瘸一拐地继续向终点跑去，因为他觉得，自己的比赛远未结束。由于剧痛，他的慢跑比寻常人散步还要慢，他的膝盖不住地流淌着鲜血，嘴角也痛苦地抽搐着。不知什么时候，他身边出现了一名记者，记者不解地问："为什么明知毫无胜算，还要拼命跑下去？"阿赫瓦里坚定地答道："我的祖国把我从7000公里外送到这里，不是让我开始比赛，而是要我完成比赛，我坚信我能够抵达终点……"被深深感动的记者立刻发稿到奥林匹克新闻中心，阿赫瓦里的名言不一会儿就通过广播回荡在墨西哥城的上空，许多已回家的市民纷纷赶到路边，为这位勇敢的选手助威、欢呼。在观众的鼓励下，阿赫瓦里拖着伤腿，顶着满天星星，走入了专门为他打开灯光的体育场，几乎是一步一步蹭到了终点线。他被当作英雄般簇拥着，受到了远比冠军更隆重的礼遇。奥运成绩册上，他的名次是：75人中的第57名，排在他之后的18位选手，都是因各种原因中途退场的。

第九章 / 勇敢的心：你的未来需要勇敢来成全

正是心中的那一份执着的信念，支撑着阿赫瓦里坚持到了终点，对于比赛本身而言，他并没有赢得胜利，但是对于他自己而言，他是一个胜利者，他战胜了自己，他履行了自己最初对自己的承诺，也赢得了观众们对他的尊敬和认可，虽然他的名次是第57名，但是相对于剩下那18位自行放弃比赛的选手而言，他也是胜利者，意志的胜利者。这种坚持到最后一刻的精神，就是每个人心中对于梦想和未来的那份执着。只要拥有这份执着，我们就一定能够看到梦想实现的那一天。

其实，很多时候，成功与失败的差距往往仅一步之遥。很多人不肯迈出最后那一步，是因为前面大部分的困难已使人疲惫不堪，这时候一个微小的障碍就会让我们难以支撑，导致前功尽弃。其实，只要咬紧牙关坚持一下，胜利就近在眼前了。对此，萧伯纳曾经说过："多走一步，就可以缩短一步接近成功的距离。胜利就在前方，你的任务就是坚持，就是再多走一步。"

对于生命而言，它的可贵在于坚持不懈地向自己的目标努力。也许在通向成功的路上你会遇到无数的艰辛与困苦，但是只要再坚持一下，就能收获成功的喜悦。坚持能带给我们信念，能带给我们自信，能带给我们动力，坚持到底就是胜利。只要生活还没有放弃你，你就不应该自己放弃。在人生艰难的境地中，如果看不到希望，不妨告诉自己：很快就可以胜利了，再坚持一下。就这样不断坚持下去，你就一定能收获成功。

所以说，无论你的人生梦想是什么，如果能够拥有这份坚持不懈的毅力和信心，就一定会得到命运女神的垂青，成为人生的佼佼者。

始终相信自己是个与众不同的存在

儿子，在爸爸心里，你永远都是与众不同的，爸爸希望你自己也能够有这样的想法和信念。人们经常说，一个人最大的敌人是自己。对于人生而言，外在的挑战虽然严酷，但不管能不能克服，总会有过去的时候；眼前遇到的困难挫折再大，也总有结束的那一天，所有的苦难终究会过去，唯有内心里那个自我永远不会消失。因此，如果缺乏自信心，你的生命就无法摆脱它的控制。唯一能令自己摆脱挫折困扰的就是相信自己。

第九章 / 勇敢的心：你的未来需要勇敢来成全

在这个世界上，每个人其实都是与众不同的，一个人所能做到的事，别人不一定做得来；而且，你之所以为你，必定有些相当特殊的地方——我们可以称之为特质吧！而这些特质又是别人无法模仿的。既然别人无法模仿你，也不一定做得来你能做得了的事，试想，他们怎么能给你更好的意见？他们又怎能取代你的位置，来替你做些什么呢？所以，这时你不相信自己，又有谁可以相信？况且，每个来到这个世界上的人，都是上帝赐给人类的恩宠，要是你不相信的话，不妨想想：有谁的基因会和你完全相同？有谁的个性会和你一毫不差？上帝造人时即已赋予每个人与众不同的特质，所以每个人都会以独特的方式来与他人互动，进而感动别人。

基于这种种重要的理由，你存在于这世上的目的是别人无法取代的。每一个人都是独一无二的，其实，我们很容易在要求自己改变的同时却忘记了我们本来就是与众不同的。是的，你不是最帅气的，不是最优异的，却永远都是爸爸妈妈眼里最重要的宝贝、最引以为傲的孩子，在我们眼里，你就是独一无二的。随着岁月的流逝，你将长大成人，工作、恋爱，也许在工作中你只是一个普通得不能再普通的职员，但是在爸爸妈妈眼里，在你将来的爱人眼里，你依然是独一无二的。你的坏脾气、你的缺点、你的平凡，在我们看来都是独一无二的。再后来，你有了自己的子女，也一样视自己的子女如珍宝，同样地，你在子女的心目中，也是珍宝，是什么都取代不了的，尽管你可能不是最优秀的，但你却是我们眼中最重要的独一无二。你从出生的那一刻起，一生就注定是独一无二的。

因此，你一定要相信：在这个世界上，每个人都是与众不同的，我们的思想、我们的内在都是别人无法模仿的。我们可以信心十足地活出自我的精彩。孩子，爸爸希望你能明白，人生最大的成功不在于成就的多少，而在于你是否有努力去实现自我，喊出自己的声音。

爱尔兰伟大的诗人叶芝未成名之前，曾把自己的《诗集》寄给一家出版社，结果稿子被编辑退回，并劝他说："你的作品念起来毫不悦耳，又不能让人燃烧起想象力，而且也不能启迪思考，看来你不是一块写诗的料。"然而，叶芝并没有听从这位编辑的劝告，而是更加坚信自己的诗歌是与众不同的，并且以更大的激情投入创作。后来，他不但成了著名的诗人，而且还因此而获得诺贝尔文学奖。

英国的剧作家萧伯纳，其代表作是《人与超人》，然而当初也惨遭退稿，退稿人还一再告诫他："你永远不会成为一般人心目中的流行作家，你从事写作的话，甚至连一

第九章 / 勇敢的心：你的未来需要勇敢来成全

点儿钱都赚不到。"可是，许多年以后，他不但成了伟大的剧作家，而且还因《人与超人》而被提名并获得诺贝尔大奖……

孩子，其实，实现梦想的道路从来都不是坦途，只要你渴望干成一件事，并且一直为此而奋斗着，那么就不可避免地会引来许多闲言碎语。很多人都会自以为高明，都想给你一些"忠告"。如果你听信了这些话，放弃了自己最初坚持的道路去走他们告诉你的捷径的话，那你一定取得不了叶芝或萧伯纳那样的成功，因为他人的"忠告""捷径"并不一定适合你的梦想。孩子，还是那句话，每一个人都是与众不同的，每个人的梦想自然也是独一无二的，你必须铺就属于自己的梦想道路。

你要相信自己的能力，相信自己的智慧，相信自己的意志，相信自己的与众不同，相信自己一定能够创造生命的奇迹，相信自己不是他人能一眼看到底的浅塘，而是一汪浩瀚无边、深不可测的大海。你要坚信，只要是你想干成的事，只要能够为之坚持并且付出最大的努力，就一定会取得最后的成功。

孩子，其实，我们每一个人都好比是无边无际的大海，那蔚蓝色的海面下蕴藏着深不可测的智慧和创造的能量，只有你自己才最了解自己内心的能量，最明了自己生命的价值，最懂得怎样才能将自己的梦想变成现实。那些不相信自己实力的人，不相信自己与众不同的人，他们心中的自己只是一口浅浅的水塘，既蕴藏不了巨大的能量，也起不了丝毫的波澜。这样的人只注重别人对自己的评价，以为从别人的口中就可以看到真实的自己，这种错误的想法让他们失去了与生俱来那种与众不同的气质，到最后，只会让自己的一切都淹没于别人的评价之中，一蹶不振，再也找不回真实的自己。

冒险的时候，一定要保护好自己

儿子，不知道从什么时候起，你变得每天都不让人安宁。一开始的时候，你喜欢爬到家具上，再从家具上跳到床上，家里的花瓶不知道被你跳上跳下地打坏了多少个；再过了一年，你学会了去小区的花园里爬树、去郊外骑自行车跟小伙伴比赛。终于有一次，你满身伤痕地推着坏了

第九章 / 勇敢的心:你的未来需要勇敢来成全

的自行车回到家里,把一家人都吓了个半死,接着看到你淌血的膝盖,又心疼得半死。作为一个男孩子,爸爸很乐于看到你健康茁壮地成长,拥有一个强健的体格,但是我必须告诉你:一定要有分寸,冒险精神有助于你的成长,但是如果过了头,换来的只会是健康的损伤和家人的担心。

从你很小的时候,就表现出了一个男孩子所具备的顽皮和淘气,这一切其实都取决于你作为男孩这种天性——喜欢冒险。随着年龄的增长,爸爸对你的这种冒险天性也有了全新的认识。对于你时常会表现出来的种种夸张且令人胆战心惊的行为,父母内心的担忧其实要远大于所表现出来的。爸爸希望在不压制你冒险天性的同时尽可能地去保护你的人身安全和健康,因为对于你未来的人生而言,健康平安才是最重要的。

还处在童年期的你活泼好动,与邻居家乖巧的女儿相比,你简直像是来自另外一个星球,你对身边的任何事都充满了好奇心,碰到什么都想看一看、摸一摸。但事实是,你眼下正是身心发育的阶段,身体的协调性较差,缺乏一些必要的生活经验,自我保护的意识较差,常常不能预见自己的行为会产生什么样的后果。还记得吗,那一次你看到爸爸为厨房更换新的灯泡,那个接上之后就闪闪发光的大玻璃球引起了你强烈的好奇心。后来有一天,你趁爸爸妈妈不在家，自己拿了抽屉里的灯泡和你玩具上的几根电线模样的塑料线要让它亮起来，万幸的是你找到的是塑料线，而且你在床头找到的插孔还有防止异物插入的安全锁扣，但即便是如此，你的行为也让我惊出一身冷汗，你对于这个世界的好奇以及冒险尝试的精神远远超出了爸爸的想象。后来，爸爸抽了点时间用电线和灯泡向你演示了如何让灯泡亮起来，但是同时也认真地向你讲解了电的可怕之处，也许你并不能真正理解其中的道理，但是你听到叮嘱时认真的表情让我们欣慰了许多，在你以后的成长历程中，我们会慢慢让你知道更多不该做和有危险的事情。

　　表面上看起来，男孩好像总是那么精力充沛，一刻都不想停下来：登高上梯、下河摸鱼、爬树、满院子追逐、欺负女生、与小伙伴打架……因此，有些家长经常不由自主地叹气：养个男孩真麻烦，他好像时时刻刻都在给你惹事。但是在爸爸看来，这些都是你成长历程中所必须经历的阶段，如果少了这个阶段，你的童年将变得了无趣味，因此，爸爸会尽量满足你各种各样的好奇心，带着你了解这个世界，许多知识便是在这个不知不觉的过程中偷偷留在了你的小脑瓜里。

　　在你进入学校开始学生生涯之后，爸爸也做好了充分的准备，爸爸有可能会时刻面临着这些事情：比如被老师

第九章 / 勇敢的心：你的未来需要勇敢来成全

"请"到学校、和孩子一块儿接受老师的"教育"、为孩子的某些行为向老师道歉……在多数情况下，被"请"去学校的家长都会感到羞耻，回到家后他们便会对这些"问题男孩"大上"教育课"，甚至是直接用拳头与孩子说话。但是儿子，爸爸不会这么做，因为爸爸明白，这些事情并不能完全责备你这个精力充沛的男孩，你们总是出现"问题"是有原因的。由于男孩子发育成长的特点以及体内大量睾丸素的存在，男孩每天需要更多的课外活动。但是，如今的老师们为了防止孩子们发生意外，往往采取限制学生行动的做法，校外活动自不必说，甚至在学校操场的活动对男孩来说也是一种奢侈。这种措施虽然最大限度地保护了你的健康安全，但是却牺牲了你的童年乐趣，甚至扼杀了你作为一个小男孩最宝贵的好奇心。爸爸希望看到的是，在不压抑你天性的同时尽可能地让你明白自我保护的重要性，以及身体健康安全的重要性。

首先你要明白，即使是在玩的时候，也存在许多的安全隐患，比如你骑自行车太快，比如你曾经从滑梯顶部直接跳下来，这些都是给你留下痛苦记忆的小插曲，爸爸也希望你能够从中吸取教训，不要再出现那些危险的没有分寸的举动。另外，平时爸爸妈妈以及学校老师教过你一些什么能碰、什么不能碰的生活安全常识，你都要牢牢记在心里。这些都关乎你的健康安全，这是爸爸最在乎的。其实作为过来人，每一个爸爸都应该知道，爱动、好冒险是男孩的天性，你们需要广阔的空间和自由的行动。当你又在虐待你的玩具或"修理"家里的小件电器时，有人建议爸爸通过一些强制手段去阻止你，但是爸爸知道，正确的做法是要在不干涉你的前提下尽量保护你的安全，爸爸相信你的能力。因为通常来说，越是不现实的事情，男孩越想去尝试。爸爸会尽量给你足够的时间去调整心态，或者在条件允许的情况下让你去尝试一下，当你确定自己不能尝试之后，往往便会知难而退。这也是让你明白什么事情该做、什么事情不该做的方法之一。

对于那些阴暗的东西，你要有所防备

新闻上，时不时会看到各种各样的伤害青少年的事情。比如拐卖儿童、诈骗等，也可能是爸爸想得太多了，总是觉得应该及早教会你认识这个世界上存在的危险和丑

第九章 / 勇敢的心：你的未来需要勇敢来成全

恶，让你学会提防，学会保护自己。毕竟，你虽然已经有了接近成人的个头和体格，但是你的心智和思维模式还是一个孩子，复杂的社会并不是你轻易就能应付的。你很快就要接触这个社会，甚至在学校也会经常参加一些接触社会、了解社会的活动，但这还不够，你必须真正认识到面对社会时所要考虑的那些问题，才能真正在心中产生自我保护的意识，从而把你步入社会之后受伤害的可能性降到最低。

爸爸前不久看过一个案例介绍，说是有个学生去逛超市，临出门的时候，突然看到一个女人，匆匆忙忙地跑来对他说："我突然肚子不舒服要去卫生间，我丈夫在门口一辆黑色的车上等我，能不能麻烦你去帮我给他说一声让他来找我，进来买东西时手机忘带了。"一边说一边把手袋递给他："这也麻烦您交给他。"这个学生看到她着急的样子，就答应了，赶紧拿着手袋出门去找她的丈夫，谁知道临出门就被超市的保安拦住了，原来那个手袋里放着几件没有结账的贵重物品，超市的保安一口咬定他是小偷，而且因为人赃俱获，他怎么辩解也没人肯相信，他带着保安到卫生间找那个女人，没有踪影，出超市门口找那个女人所说的黑色车子和她的丈夫，也是毫无踪影。这时候，这个学生才意识到自己陷入了一个圈套,他百口莫辩,最后被带到派出所,由派出所调看了商场的监控,看到了那个女人的所作所为,才终于还了他清白。

还有一个案例是在火车上,有个人独自出差,在车厢里跟另外一个乘客聊得投机,刚好也是到同一个城市,于是一起下车出站。还没出站的时候,那个乘客跟这个人说行李太重,让他帮一把手,替他拿一个小行李,这个人没多想就答应了。在出站口这个人被警察拦住,说要检查行李,结果就从这件小行李中查出了违禁的物品。这个人大吃一惊,赶忙让那个乘客解释,谁知道那个乘客居然矢口否认,说从未让他帮拿行李,这个小行李本来就是他的,跟自己没有任何关系。这个人百口莫辩,不知道该怎么办才好。这时警察才开口,说放心吧,我们也不是没来由地查你们的行李,我们盯了这个乘客很久了,不会冤枉你的。以后你要提高自己的警惕性,看看这次,差一点就被那个人利用了。

儿子,爸爸跟你讲这些事情,是为了让你多少了解一下这个社会有多复杂,这些人生阅历,都是现在的你所不曾接触过的。当然,你用你的善意对待这个世界是件好事,但是有些东西你也必须明白,比如从友善的人那里,我们

第九章 / 勇敢的心：你的未来需要勇敢来成全

可以获得帮助，但不是所有的人都友善；在唯利是图的商贩那里，我们也许会蒙受损失，但观察和计算能帮我们免灾；警察叔叔大多能为我们指路，但也会有些穿警服的人答不上我们的问题；商场、超市是购物的天堂，但不看好书包，也许就会被小偷偷去了钱袋；大多数司机都会留意人行道上的行人，但也有新手会走神，所以过马路除了看灯，还要看路上的车……

这些来自生活的人生阅历和经验，我们不必刻意去屏蔽。和人交往越多，孩子所积累的关于人性的经验越多，应付各种局面的能力也会越强。由于孩子的经验毕竟比成人少，父母可以根据具体情境，从旁及时点拨、提醒，帮助孩子逐渐认识真实的社会。有些家长从小就只对孩子进行真善美的真空教育，使孩子的思想过于单纯美好。但当他们随着对社会的接触，渐渐认识到生活的现实之后，就会对现实社会表现出不满和恐惧，甚至无所适从。因此家长也要让孩子认识到生活中假恶丑的一面，帮助孩子全面客观地看待事物、明辨是非，培养孩子面对邪恶时的应变能力和自我保护能力。教会孩子掌握识别与对待伪善、不公的有效方法，避免受到打击和伤害。

当然，很多防范知识也需要学校去加强安全教育和心理素质教育。有些学校只关注教学发展，对学生的安全防范教育多流于形式。例如，性侵害防范在许多学校都是教育空白，很多学生在毫无心理准备的情况下受到伤害时不知所措，受到伤害后也不知道如何处理。学校应多组织讲座、主题班会、知识竞赛、出宣传栏等对学生进行深入人心、切合学校实际的教育，系统传授应急自救方面的知识。在平时的教学过程中，也要培养学生勇敢机警、临危不惧的心理素质。

记得有一次爸爸有重要的事情需要让一个搭飞机的朋友捎一个文件袋到他要去的城市，那位朋友对我说："咱们是老朋友了，但是为了慎重，我必须打开检查一下。"这其实就是我们应该有的态度，交情归交情，防范归防范。很多时候，危险并不仅仅来自陌生人。因此，爸爸希望你能够更完整、客观地认识人性，认识这个社会。

第十章

敏而好学：
把学习变成一件快乐的事情

　　关于你的学习，最后爸爸还要再说一说。当然，我不想对你说教和逼迫，因为那样反而会让你走向我的反面。其实，人类具有学习的自然倾向，爸爸知道，骨子里你是愿意学习的。在这里，爸爸只是希望你能明白，你学习不是为了给我和你妈妈看，也不是为了给老师看，而是为了自己未来发展的需要。明白了这个道理，我想你就能够把学习当成一件快乐的事情。

玩是天性，但不要沉迷其中

爸爸小的时候，玩得最多的也就是跟伙伴们一起追逐打闹、推推铁环、砸砸杏核、扔扔纸飞机。而到了儿子你这个时代，无论是物质生活还是精神生活都大大丰富，小小年纪的你已经是一个电脑高手，爸爸活到 30 岁才开始接触电脑，而如今的你已经足以用你的电脑知识来鄙视老爸了。这样的巨变让爸爸感到欣慰，毕竟信息技术的发展可以让你更早地学到知识，但是同时也带来了另一个问题：沉迷游戏。很小的时候你就已经学会自己打开电脑上网找游戏玩，而随着年龄的增长，你玩的游戏越来越复杂，你对游戏的兴趣也与日俱增。看着你与伙伴们讨论起游戏的兴奋表情，爸爸也感到了深深的担忧，毕竟你还小，很多时候自制力不足，一旦沉迷游戏，后果是非常可怕的。爸爸希望你能够多约束自己，这个阶段的主要任务还是成长和学习，千万不要沉迷于任何游戏。

第十章 / 敏而好学：把学习变成一件快乐的事情

提到游戏，不得不说它自古以来都是深受人们喜爱的娱乐活动。如今，随着电脑及网络功能的日益强大，花样越来越多的电脑游戏现已成为广大青少年最受欢迎的娱乐项目之一。爸爸的那几个同事家的孩子，不喜欢电脑游戏的几乎没有，还有的甚至沉迷其中。长时间玩电脑游戏既危害身体健康又影响学习，还影响孩子的沟通交往能力和良好性格的形成，尤其是对正处在长身体、长知识阶段的中小学生，其危害性更大。所以，对于你玩游戏时所表现出来的强烈兴趣，爸爸很是担忧，我一直在想，怎样才能让你正确对待电脑游戏，避免沉溺其中呢？

爸爸有位同事的孩子，在小学三年级的时候，就十分喜欢电脑游戏，并已经有着迷的迹象，影响到了他的学习和成长。这位同事很是无奈，就跟家人一起商量如何去避免孩子进一步沉迷于电脑游戏，最终他们想到了一个方法：让孩子学一样爱好特长，让他的兴趣转移，正好他们的一位朋友的孩子在学习钢琴，而且已经达到比较高的水平，他们就决定有目的地带着孩子去做客。刚到这位朋友家门口，屋里就传来了一阵悦耳的钢琴声，他们就在门口听完了这首钢琴曲才敲门进去，进去之后对这家孩子的钢琴演奏水平大加赞赏，还让他又演奏了两首曲子，受到表扬的这家孩子很开心，也很得意。回家后，这位同事就对孩子说："爸爸非常喜欢听钢琴的声音，你想不想也学弹钢琴？"孩子说他也很想学。于是，他们很快给他在少年宫报了一个钢琴初级班，开始学弹钢琴。他们告诉我，有一点非常重要，那就是一开始一定要让孩子感觉到弹钢琴并不是很难，只要付出努力，就一定能看到明显的进步，否则，孩子很快就会对弹钢琴失去兴趣，进而感到厌烦。

　　爸爸的同事一再强调，在学习的初期一定要多陪同孩子，条件允许的话要跟孩子一起学习和记录，这样等到孩子回家后练习时，就能给他一些方法上的帮助了。后来这个同事的孩子的钢琴演奏水平进步很快，用了三年半的时间，他就拿到了钢琴弹奏的专业证书。你想，孩子有了正当的爱好，不再沉溺于电脑游戏，就已经很成功了，还让孩子学会了一样技能，那是多么开心的一件事啊。爸爸的这位同事非常开心和自豪，而爸爸也因此受到很大启发，决定用培养爱好的方式来避免网络游戏给你带来的潜在威胁。

　　也正因如此，爸爸开始每个星期天下午带你去打羽毛球，每年暑假都带你去旅游，所有的这些活动都是希望让你在感受快乐的同时也为你的童年与少年生活留下美好的回忆。这样一来，你的注意力就不会被那些游戏占据太多，

你的健康成长也自然会水到渠成了。所以我认为，当一个人有正当的业余爱好时，他有不良爱好的可能性就比较小。那些跟我有相似经历的爸爸们要想解决诸如孩子沉溺电脑游戏之类的问题时，不妨试着去培养孩子形成一种比较固定的爱好，这显然比唠唠叨叨地说教效果要好得多。努力去寻找一些更能带给孩子快乐的活动，培养孩子形成自己的爱好，把孩子从电脑前"拉"回来，这才是正确的做法。

做事要有计划，学习更是如此

渐渐地，你的作业越来越多了，学习压力也一天天大了，爸爸看在眼里，也很心疼。不过通过这些天我对你学习状态的观察，发觉你也挺认真的，但是似乎缺乏一点规划，比如每天回来做功课如何安排时间，以及每一门课程按照什么样的步骤去学习没有明确的思路，每天你的书桌上都堆满了书本、作业本，乱七八糟，很难想象你在这样的状况下能够保持一个井井有条的头脑。爸爸希望你在学习中学会制定目标，学会制订学习计划，因为这项技能对你以后的人生意义重大，人生何尝不是一种规划呢？从学习做起，从小事做起，爸爸希望你能够学会计划。

对于爸爸指出你学习时桌子太乱的问题，可能你会辩解说因为现在的课程实在太多，任务实在太重，以至于你根本没有心思去整理书桌，但是爸爸要说的重点不是整理书桌，而是整理你的思路。思路清晰了，学习起来的效率也会提升，会有事半功倍的效果。比如你每天晚上回来都要完成各种作业和课程，能不能在进行之前先大致地分一下类，安排一下时间呢？然后按部就班地去完成，这样不仅可以提升效率，而且可以避免你面对一个乱糟糟的书桌时所产生的烦躁情绪。

山田本一是日本著名的马拉松运动员，他曾在1984年和1987年的国际马拉松比赛中两次夺得世界冠军。记者问他凭什么取得如此惊人的成绩，山田总是回答："我不仅凭借自己的体能，更重要的是凭借我的智慧！"

有点体育常识的人都知道，马拉松比赛主要是运动员体力和耐力的较量，爆发力、速度和技巧都还在其次。因

第十章 / 敏而好学：把学习变成一件快乐的事情

此对山田本一的回答，不少人觉得他是在故弄玄虚。又过了十年，这个谜底被揭开了。已经退役的山田在自传中这样写道："每次马拉松比赛之前，我都要乘车把比赛的路线仔细地查看一遍，在这个过程中，我会把沿途比较醒目的标志画下来：比如第一个标志是某个酒店，第二个标志是一个十字路口，第三个标志是一座公园……这样一直统计到赛程的结束，随后我会把我的整个赛程列成一张计划，每一个标志就是我计划的分解目标，把它们牢牢记在心里。正式比赛开始后，我就以百米的速度奋力地向第一个目标冲去，到达第一个目标后，我又以同样的速度向第二个目标冲去。就这样，四十多公里的赛程被我在事先的计划中分解成几个小目标，这样跑起来就轻松多了。最初的时候，我只是简单地把我的目标定在终点线的旗帜上，结果当我跑到十几公里的时候就已经疲惫不堪了，因为我没办法掌握整个比赛过程的节奏，脑子里一团乱，很容易就丧失信心了。"

其实，无论是学习，还是我们人生中的每一个梦想，都像是一场马拉松大赛，我们要想取得最后的成功，就要学会去计划，试着把每一天的努力作为一段小赛程，每天都要有一个明确的目标，并且通过自己的勤奋努力完成每一个小目标,这样日复一日、年复一年,我们就可以在完成一个一个小目标的基础上来实现我们人生的大梦想。我们如果是为了追寻成功而经营我们的人生,那就应该为了事业的顺利发展而制订具体的计划、设定具体的目标。我们经常听到有人说"我一定要成功""我要拥有自己的房子、汽车""我想发财后要捐助希望工程"……很多人都有类似的愿望,但这是真正意义上的设定目标吗?当然不是!这绝不是设定目标,这是喊口号。喊口号就像写下一个个伟大却空洞的梦想一样简单,而若是想要把这些口号和梦想变为实实在在看得见、摸得着的成功,则需要我们设立更加具体、更加具有可行性的详细计划。

首先,我们设定的每一个目标必须是具体的,才能促使我们集中注意力,全神贯注地追求目标。而且,这些目标必须是可执行的。我们可以尽自己所能去梦想,也许目标非常远大,但只要是可达成的目标,一定可以分成长期、中期、短期来逐一完成,再以终极目标为引导,做一个详细的计划,让每一个小计划的成功来堆砌大计划的成功,如此由近而远、由小而大,必能达成目标。

具体到学习来说,拿晚上的功课为例,你可以根据每一门课程的学习量安排一下时间,几点到几点学哪一门,

第十章 / 敏而好学：把学习变成一件快乐的事情

到时间完成之后，就把桌子收拾干净，重新拿下一门课程的书本出来学习，这样你的脑子也会变得像你的书桌一样井井有条，思路会更加清晰，学习效率一定也会提高不少。这样的方法对于你的人生同样也意义重大，因为我们无法长生不老，所以应在有限的生命中去实现自我。然而实现自我的过程正是每一个计划配合一定时段的完成，不断地重复，最终变成了成功。所以在任何设定的目标中应该定下确切的完成时间，否则将会使目标不断拖延，而后和下个目标重叠，永无完成之日，所谓"明日复明日，明日何其多"便是形容这种情形的。

　　因此，不要小看计划的作用，它会给你的学习带来非常大的帮助。在你未来的人生道路上你同样会发现：认真努力去实现每一个小的目标，便是朝着梦想成功的方向坚持不懈地努力。实现所有的目标，便是我们最终的成功所在。

这次没考好，下次努力就是了

那天你放学回来，整个人都是蔫的，原来是数学没考好，看你心情很不好，爸爸也没有多说，安慰了你几句就过去了。但是接下来的几天，我发现你开始对数学的学习有些积极性不高甚至是逃避了，做数学作业总是拖拖拉拉，而且做数学作业的时候明显有些烦躁，不再像以前那样聚精会神了。这个情况远比你一次没考好更让老爸担忧，我不知道你为什么会突然对数学失去了兴趣，但显然是跟上次没考好有关。在你未来的成长道路上，诸如考试没考好这样的打击和失败还有很多很多，爸爸不希望你用这样的态度去面对挫折失败，要记住：只要努力就一定会有收获，这才是面对挫折应有的态度。

儿子，看着你数学没考好之后沮丧的样子，以及接下来这些天对于数学似有似无的排斥，爸爸其实也在反思自己：是不是以前对于分数过于看重了？有没有有意无意地

第十章 / 敏而好学：把学习变成一件快乐的事情

在你面前总是提分数的事情？之所以想这么多，是因为爸爸担心的并不是你的分数，而是你对待挫折的态度。逃避永远是弱者才会做的事情，爸爸希望看到的是你能够尽快摆脱这次数学成绩的影响，恢复你从前的学习状态。不要因为一次没考好就觉得难，也不要因为一次没考好就开始畏首畏尾，没有什么难题是解决不了的，没有什么课程是学不好的，关键在于你要勇于去面对。

你最爱听周杰伦的歌，你也知道，方文山是周杰伦的御用词人，被称为是周杰伦的最佳拍档，周杰伦也说过："没有方文山，我的歌不会这么成功。"方文山的歌词充满画面感，文字剪接宛如电影场景，在传统歌词创作的领域中独树一帜。如今方文山俨然已经是华语乐坛非常优秀的词作人，但我想给你讲的是方文山成名之前的故事。

方文山是电子专业毕业，为了圆梦而在台北苦苦打拼。他做过防盗器材的推销员，还曾帮别人送过外卖、送过报纸、做过中介和管线安装工。但是他始终没有放弃心中的梦想，就是创作歌词，然而一次又一次地碰壁，他的歌词还是没有逃过被扔进垃圾篓的命运。不过方文山始终都不曾放弃，他重新制订自己的梦想实现计划。首先他花了大量的业余时间在创作歌词上，直到可以选出一百多首，集成词册。然后，方文山开始了他的求职之路。他翻了半年内所有的CD内页，找最红的歌手和制作人，把集成册子的歌词邮寄给他们，一次寄100份。为什么要寄这么多份？方文山是做了详尽的计划和计算的，他估计经过前台小姐、企宣、制作人层层辗转，大概只有五六份会被目标人物收到。方文山的这一计划实施了一年之后，终于开始起作用，最终被吴宗宪发掘并赏识，方文山进入华语流行音乐界，和周杰伦结成黄金搭档，被广泛接受和认可，真正地成为华语乐坛不可缺少的人物。

  你想一想，如果一开始方文山在创作歌词碰壁之后再也没有勇气重新拿起创作的笔，那么他还可能有后来的辉煌成就吗？你眼下所面临的情况也是一样，这次数学没考好，原因可能是多方面的，重要的是要分析原因，找出没考好的问题所在，然后针对这些问题重新开始努力，假如你选择了逃避放弃，那么你永远无法把这些问题解决掉，等于是你跌倒了之后趴在那里再也不愿意爬起来了，你愿意成为这样的人吗？我想你一定不愿意。

  这个世界上每一个人潜在的知识背景、经验、个人爱好、兴趣点以及认知风格都会有差异。所以对一种新知识、新事物，每个人的理解程度和接受过程都不尽相同。对某

第十章 / 敏而好学：把学习变成一件快乐的事情

事物，有人表现为顿悟型，有些人表现为渐悟型。渐悟型的人可能开始时会显得慢些，但这并不意味着永远落后。有很多杰出的学者都是渐悟型的。渐悟型的人对一种问题常爱反复思考加工，一旦领悟后，理解的深度比顿悟型的人更深刻。所以即便是你暂时学习出现了困难，那也不一定是坏事，你一定要相信一分汗水一分收获的道理，不能放弃，而是更加努力地去学习。学习就如同爬坡，同样的高度，基础好的人爬的是很短的坡；基础差的人爬的是一个长坡，但最终的高度是一样的。爬长坡的人很可能后劲会更大，成就反而会更突出。所以爸爸希望你不要有逃避的想法，而是勇敢去面对自己的挫折，爸爸相信你一定能从跌倒的地方爬起来！

其实在你今后的成长历程中，你还要面对更多类似考试没考好之类的挫折。对于每一个人来说，挫折都是普遍存在的一种社会现象，任何人的一生都不可能一帆风顺。也就是说，任何人都要面对各种各样的挫折。有人说，挫折对不断前行的勇者来说就是一笔巨大的财富。挫折应该是你的必修课，事实表明，没有经历过挫折的孩子长大后会因为不适应激烈的竞争和复杂多变的社会而饱受痛苦。对此，曾有一位美国儿童心理学专家说："经历了十分幸福童年的人常有不幸的成年。"正是在强调挫折教育的重要性。只要你勇于去面对，挫折可以帮助你树立一种积极、乐观的态度。其实，挫折本身不能造就一个人，能够造就人的是他在挫折和苦难中找到了解决问题的办法。因此，爸爸希望你能够勇于去寻找解决问题的方法，而不是逃避。

如果你能提出新问题，我会奖励你

随着你渐渐长大，爸爸眼中的你安静了许多，你再也不像小时候那样整天围着爸爸问这问那，就好像一个会跑的"十万个为什么"。看起来似乎是爸爸的解脱，因为可以不用整天被你烦了，但是随之而来的另一个问题困扰着爸爸，就是你好奇心的减退似乎也波及了你的学习。你对于有些课程明显表现出不感兴趣甚至厌烦的态度，在这样的情况下又怎么能学好它们呢？爸爸真希望你能把曾经的好奇心用在学习上。为此爸爸跟你商量，如果你能够在学习的过程中提出更多的问题，就会增加这个月带你去郊游的次数，结果你的积极性大大提高，那门你原本不喜欢的课

第十章 / 敏而好学：把学习变成一件快乐的事情

程，成绩居然也有了明显的改观，这也表明，好奇心和提问是增长知识最有效率的助推力。

儿子，想必牛顿与苹果的故事你已经听说过了，物理学家牛顿小时候看到苹果熟了掉下来，很是好奇。他想，地球上的东西，失去了支持后为什么都掉到地上来，而不会向其他方向掉呢？后来，他终于发现了万有引力定律。这样一个伟大的成就，其实就源于一句最简单不过的"为什么"。这个世界上有很多伟大的成就，背后的推动力非常简单，那就是人们心中的好奇心。好奇心引领着人类探寻世界上一个又一个未知的谜题，同样，好奇心对于你的学习来说也是一股无比巨大的推动力，如果你善于运用它，你会发现，再难的课程在好奇心面前也会变得不堪一击。

爸爸有一次在公交车上曾经被一位妈妈跟儿子的对话吸引。这位妈妈三十多岁，儿子不过四五岁，他们的对话真是棒极了。汽车开到大石桥，妈妈问："我们乘了几站？"儿子说："我们乘了两站。""还要乘几站到家呢？"儿子回答："还要乘四站。""从幼儿园到家一共是几站呢？"儿子回答："2+4=6。"到这里问题还没有结束，妈妈又问："一共是六站路，假如我们已经乘了三站，那么离家还有几站呢？"儿子答："三站。"妈妈又问："你是怎样算出来的？"儿子又答："6-3=3。"这位妈妈显然利用了儿童好奇心比较重的心理而采用了提问题的方法使孩子在日常生活中不断地积累智慧。在生活中，相信会有许多家长说："我的孩子就是某门课程不行，怎么学也学不好是为什么呢？"这样的家长最应该向这位妈妈学习了，从孩子的好奇心切入步步引导，然后慢慢地形成爱动脑、好观察、善思考的良好习惯，是最轻松的学习方法。

爸爸想过，也许每一位爸爸可能在面对儿子的好奇心时都有抓狂的经历，觉得他们简直有问不完的为什么，而且会因为好奇把家里弄得一团糟。但是爸爸明白，必须努力去挖掘和保护你的好奇心。独立思考能力强的孩子往往具有较强的好奇心，所以小时候，你拆散了钟表或弄坏了玩具，我不会给你惩罚和责骂，而是要慢慢教你弄清楚这些器具的机械原理。爸爸觉得，很多爸爸都可以效仿我一下，鼓励孩子的好奇心，甚至鼓励孩子设计一些小东西，这样，不仅满足了孩子的好奇心，还让孩子通过自己动手而学到新知识。

第十章 / 敏而好学：把学习变成一件快乐的事情

只要你自信，成绩一定会提升

儿子，爸爸今天想跟你谈的是自信。你已经懂事了，很多时候你对于学习成绩的在意和忧虑甚至要更甚于爸爸。小小年纪的你已经学会了忧愁，你曾经不止一次地说过比如"怎么办呀，还没有复习好"或者"我看这门课我是学不好了"之类的话，爸爸很乐于看到你对学习如此用心，但是却对你的想法和态度并不认同。爸爸认为凭你的聪明和智慧，没有哪一门课程是你学不好的。即便是那些在你看来最难的课程，也仅仅是因为你没有找对学习方法。无论什么时候你都不要怀疑自己的能力，只有你始终保持信心，才有可能找到属于自己的最佳学习方法，从而全面提升自己的能力和成绩，对此爸爸一直都是信心满满的，希望你也能够提升自己的信心，鼓起勇气去面对。

爸爸先来给你讲一个小故事吧。

在20世纪的美国,有一天,几个白人小孩正在公园里玩。这时,一位卖氢气球的老人推着小货车进了公园。几个白人小孩一窝蜂地跑了过去,每人买了一个气球,兴高采烈地一边追逐一边玩耍,玩得非常开心。此时此刻,在公园的角落蹲着一个黑人小孩,他用羡慕的眼神看着白人小孩玩耍,却不敢过去一起玩,因为他很自卑,觉得自己低人一等。当白人小孩的身影消失后,他才怯生生地走到老人的货车旁,用略带恳求的语气问道:"您可以卖一个气球给我吗?"

老人其实早就注意到了他,笑眯眯地问他:"当然可以,你要什么颜色的?"

小孩鼓起勇气回答:"我要一个黑色的气球。"

老人写满沧桑的脸上掠过一丝惊诧,她看了看黑人小孩,立即给了他一个黑色的氢气球。黑人小孩拿着气球,开心得不得了,他松开手,黑色气球在微风中缓缓向天空飘去,在蓝天白云的映衬下显得格外的美丽。

老人眯着眼睛看着氢气球在阳光下越飞越高,又看了看这个黑人小孩子,她用手轻轻拍了拍黑人小孩的脑袋说:"记住,气球能不能飞起,不是因为它的颜色、形状,而是气球内有没有充满氢气。一个人的成败不是因为种族、出身,关键是我们心中有没有自信。"

第十章 / 敏而好学：把学习变成一件快乐的事情

后来，这个黑人小孩终于成为一位赫赫有名的心理学专家。在一次讲座中他讲述了这个故事，并且告诉人们："我之所以能够成功，就是因为卖气球老人的话，她让我有了自己的氢气，那就是自信。"

儿子，爸爸希望你能明白，很多时候，解决不了问题，并不是问题本身有多难，而是我们缺乏自信，把问题想得太复杂，而增加了问题的难度。自信对于一个人来说，是人生不竭的动力，它能帮助我们战胜自卑和恐惧，我们相信自己能成为什么样的人，并且去做了，就必然会成为我们所希望的那样的人。对于我们每一个人而言，人生最大的损失莫过于失掉自信，如果你不甘平庸，就一定要去摆脱自卑和自我怀疑的心理。有人说过：每一个不甘沉沦的人都是造物主最伟大的杰作。爸爸希望你能够永远记住这句话。

无论是在你现在的学习中还是未来的人生道路上，自信都可以带给你勇气，帮你克服自卑和恐惧。一个人的成败不是取决于你的智商和出身，而是取决于你的内心有没有自信。每个人身上都有闪光之处，而自信就是让你闪闪发光的火种。一个人不管在什么时候都不应该只看到自己的不足之处，更不应该用不足去盖住自己的长处，那些成功的人往往都善于运用自己的优势,让它带领你去寻找人生方向,并且把它们锤炼得更加夺目,这样,自信的光环也会始终围绕在我们身边。美国著名的思想家爱默生曾经说过:"有信心的人,可以化渺小为伟大,化平庸为神奇。"所以儿子,你可以仰慕别人,但是绝对不能忽略了自己;你可以相信别人,但首先最应该相信的人就是你自己。生活中许多事情都是这样的,有很多时候自信并不能够让每件事立竿见影。但是只要我们一直相信自己,就会发挥出巨大的潜能。

　　对于你学习上遇到的那些问题,爸爸希望你能根据自己的学习特点和个性找出适合自己的任务和要求,然后去确立一个适当的目标,一个你自己确信经过努力能完成的目标,无论大小,从而让自己在不断地成功中培养自信。这个目标千万不要定得过高,以至于超过了自己的实际能力而导致失败,进一步使得自信心受挫。同样,你也需要通过顺利地学会一件事来获得自信,哪怕是简单的游戏,这种方法其实是在激发你潜意识中的自信。

第十章 / 敏而好学：把学习变成一件快乐的事情

遇到问题，最重要的是思考再思考

"爸爸，这个怎么弄！""爸爸，你来帮我看一下！"爸爸最近发现，这两句话几乎成了你的口头禅，不管是学习，还是你发现了什么新奇的东西，接下来必然就是呼叫老爸。对于老爸来说这当然无可厚非，给你充当坚实后盾是应当的义务，但是你这种态度如果任由其发展下去，却是个不小的担忧。爸爸希望看到你在独立思考方面的成长，而不是越来越依赖于爸爸，毕竟爸爸的知识和能力也很有限，如果在那些小问题上放纵你养成了依赖的习惯，那么将来你面临真正的问题时，一旦发现爸爸不能再给你充当后盾，你也许就会陷入六神无主的地步，因为之前你并没有养成遇事独立思考的习惯，这样的后果是非常可怕的，这也是爸爸最担心的事情。

其实，无论是在学习过程中还是日常生活的点点滴滴中，爸爸已经留意到，随着年龄的增长和你身体各方面的发展，你的独立思维的能力在增强，但是这种独立思考能力最主要的体现是你自我意识的保护提升的状态，比如不听话，比如固执。你从一个乖乖听话的好孩子，似乎一夜之间变成了一个小小的叛逆者，最初的时候，爸爸妈妈手忙脚乱又想方设法急于纠正你，结果却是：你越来越逆反，越来越不可理喻。后来爸爸发现，其实这些问题的根源还是因为我们做家长的没有及时调整好自己的心态，没有跟上你成长的步伐，因为你开始有了独立思考的能力和自己的想法。这种能力即便是暂时表现为叛逆的形式，也是值得爸爸妈妈高兴的，我们要做的应该是引导，引导你把这种能力转移到你的学习以及日常处理问题的过程中去，这才是正确的做法。

　　生活中，其实有不少家长犯了像爸爸这样的错误，在教育孩子的时候，往往只是把目光放在孩子的课业成绩上。只要孩子的成绩好，就可以满足他的任何愿望，却疏忽了对孩子独立自主能力的培养。家长们千万要记住：让孩子学会独立思考，才能有意识地去独立做事、独立进行人际交往，别剥夺了孩子思考的机会。

　　美国有位著名的物理学家理查德·菲利普·费曼，他曾获得1965年诺贝尔物理学奖。在他看来，自己能取得

第十章 / 敏而好学：把学习变成一件快乐的事情

这么辉煌的成绩，和他爸爸从小对他的教育是分不开的。他的爸爸就是一个非常善于引导孩子独立思考的人。比如他会将自己扮演成外星人，"外星人"遇到费曼，会问很多地球上的问题，比如："为什么有白天和黑夜的区别啊？""为什么会有气候和天气的变化啊？"在这样的提问情境中，费曼学到了很多知识，也学会了思考。

等到费曼再长大一些，爸爸开始带费曼去博物馆，目的也是引导孩子对博物馆产生兴趣，爸爸还是通过提问的方式。他先让孩子自己阅读某些相关书籍，然后再向他提问，对于孩子没有理解的问题，他用易懂的话为孩子解释。费曼对于爸爸的这种教育方法非但没有感到厌烦，相反，爸爸的提问和讨论激发了他的学习热情，他对百科全书上的科学和数学产生了极大的兴趣。他于24岁时获得了博士学位，28岁时担任美国康奈尔大学教授，47岁时获得了诺贝尔奖。他把这些成就都归功于爸爸对他的引导和教育，是爸爸给了他独立思考的能力，而他凭借这个能力，取得了日后这些辉煌成就。

问题是思考的起点。孩子小时候，脑子里会有很多问题，当孩子向父母提出问题时，父母要和孩子一起讨论，耐心地向孩子解释，父母积极地帮孩子解决问题，孩子就会提出更多的问题。而这种提问的表现其实就代表着思考的能力。有研究机构做过调查，一个孩子将来的成就不取决于孩子的智商，而在更大程度上取决于他的思考能力。事实上，以小学为例，小学生的智力与学业成就的相关系数只有20%左右，学业成就在更大程度上取决于孩子良好的思维习惯，使智力的潜在能力得到充分发挥。认真地思考虽然为孩子解决问题的过程增加了一个环节，却使解决问题的时间缩短了很多，大大提高了学习的效率。

养成认真思考的学习习惯对孩子们是非常重要的，它可以帮助孩子加深对知识的理解和记忆，把散落的知识点连接成有机的整体，从总体上把握知识体系，提高学习质量。养成认真思考的学习习惯有利于对书本知识批判性地吸收，可以防止死读书，提高个人的学习能力。养成认真思考的习惯，还可以不断解开疑团、激发灵感，从而有所发现、有所创造。

儿子，前几天你曾经从一本读物上找到一个智力问答题，你拿着来找爸爸，爸爸挠了半天头也没有想出来，后来咱们一起到网上搜索答案，还记得吗，题目是这样的：江上有座东西向横跨江面的桥，人通过需要五分钟。桥的中间是个亭子，里面有个看守者，他每隔三分钟就出来一次，看到有人通过，就会让他回去，不准他通过。问如何

第十章 / 敏而好学：把学习变成一件快乐的事情

能顺利通过这座桥。最后咱们搜到的答案居然是：从东往西过桥，走了两分半钟就转过脸来往东走，当看守者出来的时候，就会命令他"返回"，结果他就顺利到了桥的另外一端。

爸爸后来总结，这个智力问答题如果不破除常规，是无论如何也过不了桥的。即便是爸爸，也一时间没有反应过来，说明爸爸的思维能力也是有待锻炼和提高的。爸爸觉得，当遇到难以解决的问题时，要学着引导你去变换各种考虑问题的思路和角度，经过合理的分析和整理、归纳，设想新颖的解决问题的方法，这对于提高你的思维能力很有帮助。拿破仑说："思考会改变一个人的命运。"事实正是如此，有独立思考能力的人才会有创新能力，进而更好地掌握人生。能够独立思考的孩子往往会有自己的主见，做事不随波逐流，不人云亦云，具有自己的个性和自信，这也是你在学习过程中应该具备的素质。